ムードエレベーター

Mood Elevator

感情コントロールの新常識

ラリー・セン｜著
杉谷俊伍｜訳

芸術新聞社

日本語版読者に向けて

日本の読者の皆さんが、「ムードエレベーター」を理解し人生を改善した世界中の人たちの仲間入りすることを私はうれしく思います。

本書は健康的で充実した生活を送りたいさまざまな人たちに活用されています。また、より健全で成功した組織の形成を支援するために、「グローバル１０００」に選ばれた企業の経営者から大学の学長まで数百もの組織に対して使われてきました。ある有名大学の学長は「ムードエレベーターの教えを実践すれば、人生の軌跡が永遠に変わるだろう」と述べています。

ムードエレベーターは新たな概念ですが、非常に身近なものであり、まさに人間のありようそのものです。ムードエレベーターでは、人生の一瞬一瞬をどのように感じるかが網羅的に示されており、これらの感情は、人生の質と効率を決定づける上で、重要な役割を果たしてます。

私たちは日々、あらゆる状況でムードエレベーターに乗っているといえるでしょう。ムードエレベーターが示す感情は、ストレスや不安を感じている「下層階の感情」から、希望に満ち、楽観的で、自然と感謝の気持ちを持つ「上層階の感情」まで広範に及びます。もし、あなたが自分自身のムードエレベーターをポジティブな「上層階の感情」に移動させる正しいボタンを知っていたとしたら、素晴らしいと思いませんか？下層階を訪れる回数を少なくし、滞在時間を短くして、その影響力を減らす方法を知っているとしたら有益だと思いませんか？

本書の前提は、私たちは皆最高の自分を持っているということです。最高の自分になれば、私たちはベストな状態で勝負事に臨めます。最良のアイデアが浮かびます。周囲の人とうまく関わって良い決断ができます。自信を深めて不安を和らげることができます。そして、人生を素晴らしいと感じられます。本書は、あなたが頻繁にそのような「最高の自分」になるための助けとなるはずです。

ムードエレベーターと急速に進化する未来の自動車には興味深い類似点があります。未来の自動車の多くは日本企業がもたらしていますが、セン・ディレイニー社のクライアントで、自動車部品メーカーのある幹部は「新しい車はより安全で、環境にやさしく、コネクティビティ（接続性）が高い」と話していました。なぜなら、未来の自動車はドライバーに対してより多くの情報を提供し、タイヤの空気圧から異常接近まで、何か支障があった場合に警告してくれるからです。私たち人間にもこのような「警告システム」が搭載されているとしたら素晴らしいと思いませんか？　そう、そのシステムこそがムードエレベーターなのです！

まずは、ムードエレベーターを指針にして感情に着目することが必要です。ムードエレベーターの階層は純粋に私たちの感情を表しています。ムードエレベーターの上層階にいるとき、あなたの考え方や判断は、大抵信頼することができますが、下層階での考え方や判断はほとんど信頼に足るものではなくなっています。

私の願いは、本書で示されたアイデアによって、日本の皆さんがより多くの恵みと余裕を持ってムードエレベーターに乗れるようになることです。本書では、人生における「考え」の役割が示されるでしょう。なぜなら、ムードエレベーターがどこに向かうかは私たちの「考え」が左右するからです。

本書を読むことで多少なりともあなたの考えが変化すれば、あなたの人生は変わります。なぜなら「考えを変えること＝人生を変えること」だからです。まずは本書を楽しんでください。

はじめに

人生に変革をもたらす「ムードエレベーター」という概念をご存知ですか？　その概念を学ぶ旅にあなたをご招待いたします。

私は数年間にわたり、本書を書くための調査を進め、アイデアを集めてきました。しかし、公私共に忙しく、書き上げることができずにいました。そんなある日、私が会長を務めるセン・ディレイニー社において、全社員を対象としたオフラインミーティングが開かれました。内容は「個人的な目標について」です。私はじっくりと考えました。自分は世の中にどう貢献していきたいのだろう——。そうするうちに、一つの結論にたどり着きます。「家族を筆頭に生涯にわたって広がり続ける人間関係に対し、みんなが心身共に最高の状態で人生を送れるよう、『学び』と『ひらめき』をもたらす」こと。これこそが私の目標でした。

目標がはっきりとした言葉になった瞬間、本書を書き上げなければならないと思いました。私が集めたアイデアを世の中に広めることが、この目標を実現するための最善の策の一つであると分かったのです。

私は40年ほど前にセン・ディレイニー社を設立しました。企業文化を体系的につくり上げることによって、企業理念を浸透させ、パフォーマンスを向上させるという構想を実現するためです。今では企業文化構築において世界で最も成功したコンサルティング会社として広く認められています。セン・ディレイニー社は企業の繁栄につながる文化をつくる上で多くの概念を採用していますが、ムードエレベーターは、まさにその概念の一つなのです。

ムードエレベーターは、セン・ディレイニー社が抱える世界中のクライアント企業の社員から絶賛されています。その数は数十万人に及び、彼らの多くが「ムードエレベーターについてもっと学びたい、家族や友達とも共有したい」と語っているのです。本書は、そのような人たち向けて、そしてまた、初めてムードエレベーターを知る人のために、書き上げたものです。

本書に収められているたくさんのアイデアは、セン・ディレイニー社のクライアント向けセミナーで使われています。しかし、心身の健康と健全なライフスタイルをもたらすアイデアやヒントの多くは、私自身が長い人生において見つけ出したものであり、必ずしも全てがセン・ディレイニー社の信念や業務の内容を反映しているわけではありません。

私が本書を書き上げたのは、自分の人生経験を通して導き出したアイデアを読者に届け、一人一人のためになるようにと、素朴に願ってのことなのです。あなたが自分の感情をコントロールできるようになり、そうなることであなた自身を向上させていく――本書がその一助となることを願っています。

第1章 ムードエレベーターとは

意識的な努力によって人生を向上させるという疑う余地のない人間の能力よりも勇気づけられる事柄を私は知らない。……その日の質に影響を及ぼすこと、それこそ最高の芸術だ。

――ヘンリー・デービッド・ソロー

私の友人、ジョンの話をさせてください。あなたも彼のような人に会ったことがあるのではないでしょうか？

ジョンは多くの点で恵まれた男です。申し分のない妻と2人の賢い子どもに恵まれ、ある会社（仮に「ティップトップ・プロダクツ社」――「絶好調の会社」という意味――と呼ぶことにしましょう）のマーケティング部門でやりがいのある仕事に就いています。大抵の人の目には、彼が最高の人生を送っていると映ることでしょう。しかし、今から話すエピソードの冒頭、ジョンはひどく動揺させられます。そして、終業後にオフィスを出て帰路についた彼は、心の落ち着きを取り戻そうと近くの公園に立ち寄ることになるのです。

ジョンを動揺させたのは、ほんの数分前の同僚フランとの会話でした。

「ねえ、ジョン」。フランが彼のデスクに顔を出します。「来年度予算のうわさ、聞いた？　社内で話題になっているわ」

「初耳だなあ」。ジョンは答えます。「どんな話なの？」

「まあ、単なるうわさでしょうけど、上層部が今四半期の減益を懸念しているんだって。そうなると人員削減の話になるわよね。聞くところによると、あなたの部門が対象になるかもしれないの」

ジョンは胃に何かしこりのようなものができ始めた気がします。

「本当？　誰から聞いたの？」

「それは言えないわ」。フランは首を横に振ります。「ただ、取り越し苦労かもしれないけれど、あなたは知っておいた方がいいと思って」

ジョンはお礼を言います。「ありがとう、フラン」

するとふいに、その日の夜に計画していた家族との楽しい夕食と、その後のテレビでのサッカー観戦が、すっかりどうでもいいことのように思えてきました。オフィスを出ると、恐怖と不安がドッと押し寄せてきたのです。

ジョンは公園のベンチに座り、解雇される可能性と起こり得る悲惨な結果について考え込んでしまいます。

もし次の仕事が見つからなかったらどうなるだろう？　子どもたちを大学に行かせることができるだろうか？　家を失うのではないか？（近所の人は昨年解雇され、両親のいる故郷に戻らざるを得なくなった――そんな事態がいとも簡単に起こり得るのだ）。クビになっても自尊心を保てるだろうか？　こんな話を妻にどう切り出せばいいのだろう？　妻のスージーはとても心配性なのに――もしかしたら妻は私が会社から見放されるようなミスをしでかしたと思うのではないか？　妻は昔付き合っていたベンと結婚しておけばよかったと後悔するだろうな――今ごろベンは敏腕弁護士になっているんじゃないか？　もちろん妻は何も悪くない。彼女は私のようなダメ男と結婚すべき人間ではないのだ。

ジョンは自分のムードが、単なる心配から不安に、さらに絶望へと急速に沈んでいくのを感じていました。

しばらくすると、ジョンの考えは再びティップトップ・プロダクツ社に切り替わります。彼は仕事に力を注いできた長い年月と、ティップトップ・プロダクツ社の成功に貢献してきたことを思い出します。

会社がこんな厳しい状況になってしまうなんて、上役たちは何をしているんだ？ 人員削減が解決法だなんてどうやって決めたんだ？ 上層部の人間が良い思いをするための決定ではないのか？ あの守銭奴ども、重役室でふんぞり返って、解雇どころかどうせ減給すらされないのだろう。

ジョンは腹が立ってきました。ジョンの気持ちは絶望から怒りへ、そして自己中心的な感情へと変化していきました。

突然、ジョンは「取り越し苦労かもしれないないけど」という、フランの言葉を思い出します。

きっと、そうではないか。以前も似たようなうわさが広まったけど、結局ただのでたらめだった。しかもフランは、本当かどうか分からないうわさ話を先陣切って広める常習犯じゃないか。

ジョンの不安が消え始めます。そして、ゆっくりと大きく安堵のため息をついて、自分に言い聞かせました。

あの話はきっとまったくのウソなのだ！　考えてみれば、1四半期の業績悪化なんて大したことではない。利益だってすぐに元の水準に戻るはずだ。上層部もおそらくそう考えるだろう。

ジョンはベンチから立ち上がると家路へ向かうことにしました。

そしてしばらく公園をぶらついていると、ジョンの考えは別の方向に切り替わっていきます。

もしかすると今回のうわさは、私に対して何かを警告するサインなのではないか。思えば昨年、思い切ってティップトップ・プロダクツ社を辞めて、もっと良い仕事――例えば親友のロンが入社したハイテク関連の新興企業での仕事――を探そうとしたじゃないか。今こそ動くべき時なのかもしれない。

ジョンは新たなキャリアがもたらすワクワクするような変化――より高額な給料、大きなオフィス、さらには社用車やカントリークラブの会員権など――を想像し始めました。もし新しい会社から多額のボーナスが出て、それを家に持ち帰り、スージーが尊敬のまなざしで私を見てくれたなら……。そう思うとジョンはとてもワクワクして、やる気さえ湧いてきました。ジョンは誓います。

できるだけ早く――可能なら今夜にも――履歴書の書き換えに取り掛かろう！

さらに、自分の子どもと同じような年の2人の子どもがジャングルジムを登る姿が目に入ると、ジョンのウキウキとした気持ちが落ち着いてきました。そして思い直します。

結局、いちばん大切なことは愛すべき家族がいることじゃないか。

公園を出て自宅に向かうころには、ジョンの足取りは軽くなり、妻や子どもとの充実した時間が楽しみになっていました。

ティップトップ・プロダクツ社のうわさについては、明日また考えればいいだろう。他の親しい同僚の考えも聞いてみて、何が本当に起きているのか確かめたらいいのだ。

あなたには、ジョンが取り乱す要因となったような人員削減のうわさに向き合わされた経験はないかもしれません。ただ、彼が味わったような感情のアップダウンについては、きっと身に覚えがあるでしょう。これはごく当たり前に、世界中のほぼ全ての人が経験していることなのです。特に、予測がつかず、コントロールのできない変化や状況にあふれたこの世の中ではなおさらです。ジョンのエピソードから分かるように、彼の感情のアップダウンは、単純に彼の「考え」に従っているだけです。私たち自身の考えこそが、人生にこのような感情のアップダウンをもたらしているのです。

あなたはこれを単に「人間らしさ」にすぎないと捉えるかもしれませんが、私はこの感情のアップダウンを「ムードエレベーターに乗っている」と表現しています。ムードエレベーターは人生の一瞬一瞬をどのように感じるかを示しています。私たちがさまざまな感情の間を行ったり来たりするように、ムードエレベーターは私たちを上層階や下層階へと運んでいくのです。感情は日々の難題にうまく対応できるかだけでなく、人生の質を決定する重要な役割を果たしています。

私たちは皆、毎日ムードエレベーターに乗り、上へ下へと動いています。そうであるなら、仮に上層階にとどまることができるボタンを知っていたとしたら素晴らしいと思いませんか？　また、下層階に向かうときでも不愉快さを軽減し、下層階での滞在時間を短くできる方法を知っていたとしたら有益だと思いませんか？　ムードエレベーターの上手な乗り方のコツを伝えること、それこそが本書の一番の狙いなのです。

さあ、ムードエレベーターとその階層（左図）を見ることから始めてみましょう。ムードエレベーターの階層図は、私自身の経験に基づいて作られています。また、セン・ディレイニー社主催のセミナーを受けた数百社に勤める数万人もの人から集めた意見、そして、セン・ディレイニー社のクライアント・ファシリテーター〔クライアントにムードエレベーターを広める講師陣〕の見解も取り入れています。実際には、ムードエレベーターの階層図は人それぞれです。しかし、本書の階層図で示された心の状態のほとんどは、あなたにとってもなじみ深いものでしょう。そして、きっとあなたも人生のどこかのタイミングで、各階層を訪れたことがあるはずです。

ムードエレベーターの階層図

―― 感謝に満ちている／grateful

―― 聡明で洞察力に優れている／wise, insightful

―― 革新的で創造力にあふれている／creative, innovative

―― 機知に富んでいる／resourceful

―― 楽観的で希望に満ちている／hopeful, optimistic

―― 人を認め称賛している／appreciative

―― 寛大で思いやりがある／patient, understanding

―― ユーモアのセンスにあふれている／sense of humor

―― 柔軟で適応力がある／flexible, adaptive

―― 好奇心があり興味を持っている／curious interested

―― 焦りやフラストレーションを感じている／impatient, frustrated

―― いら立ちを覚え悩みを抱えている／irritated, bothered

―― 心配や不安を感じている／worried, anxious

―― 自信が持てず過度な保身に走っている／defensive, insecure

―― 批判的で人を非難している／judgmental, blaming

―― 自己中心的になっている／self-righteous

―― ストレスを感じ疲弊している／stressed, burned-out

―― 怒りに満ち敵意を抱いている／angry, hostile

―― 絶望している／depressed

あなた自身がムードエレベーターに乗ったと想像してみてください。まずは上層階に向かうことを考えてみましょう。上層階には、楽しい時間が存在します。暮らしの中で感謝すべき出来事に触れると、私たちは不安から解放され、自信に満ち、創造力があふれ、機知に富んだ状態になります。周囲の人々や環境に悩まされることが減り、小さなこともさほど気にならなくなります。批判するよりも好奇心を持つようになり、物事に対してユーモアを見出すようになります。人生の難題に悠然と立ち向かい、人生の流れに沿って生きていることを実感し、さらにはこの世の全てのものに通じる知恵や知能の源に触れることができるとさえ思えてくるかもしれません。このような状態のときに、私たちのムードエレベーターは上昇しています。そして、そのときには大きな満足感と喜びを得ていることでしょう。

しかし人間である以上、ムードエレベーターが下降するときもあります。人生がうまくいっていないと思うときや不安や心配を感じるときなどです。そんなときは周りの人や環境によって、いとも簡単にいら立ちを覚えたり、悩みを抱えたりしている自分に気付くでしょう。そして批判的になったり、過度な保身に走ったり、自己中心的になったりするかもしれません。または、漠然と気分が下降したり、トラブルに陥ったり、絶望したりするでしょう。ムードエレベーターの下層階では、無気力、無関心、憂鬱など、感情が動かなくなる「静的」状態から、憤慨、恐怖など心が大きく揺さぶられる「動的」状態まで幅広く変化していきます。

本書で用いられているムードエレベーターは、人が経験し得る心の状態が示されていて、単純で分かりやすく、ムードの変化に対する私自身の主観的な感覚とも一致しています。ムードエレベーターが科学的に立証されているとは言いませんし、単なるツールに過ぎませんが、私自身の人生には非常に大きな効果をもたらしてきました。同時に多くの人がムードエレベーターの概念を共有し、その効果を認めているのです。

ムードエレベーターがあなたの人生にどのような役割をもたらすかについて、じっくりと考え始めるために、次の質問に答えてみてください。

・あなたのありふれた日常生活の中で、最もなじみのある階層はどこですか？

・あなたの気質を最もよく表している階層はどこですか？　あなたをよく知る人は、あなたがどの階層にいることが多いとみていますか？

・あなたの人生において、より頻繁に訪れたいのはどの階層ですか？　とどまる時間を短くしたい階層はどこですか？
・嫌な一日を送っているとき、あなたがはまり込んでしまうのはどの階層ですか？
・あなたのムードが落ち込み始めたとき、訪れがちなのはどの階層ですか？
・あなたが最も生産的で、想像力に富み、幸せを感じているとき、どの階層を訪れていますか？

ムードエレベーターをどのように実感していくのかは、人によって千差万別です。私にとって感謝の気持ちが生まれやすいのは、自分のムードエレベーターがまさに最上階にいるときです。私がゆったりとした時間を過ごし、心を静め、その日の不安や悩みを脇に置くと、妻のバーナデットや5人の子どもたちに対する感謝の気持ちに気付くのです。ティーンエージャーの息子ローガンや他の子どもたちが私を抱きしめ、「お父さん、大好きだよ」と言ってくれたり、あるいは、空を何層もの信じられない色で染め上げるような夕日を、ふとした瞬間に眺めたりしたとき、同じように感謝の気持ちが浮かんでくるのです。

私がムードエレベーターの上層階にいるときは、良いことが起こっている気がします。自分自身の創造力が増し、機知に富むようになる感じがするのです。アイデアや対処法が簡単に浮かび、問題の解決策もより手に入りやすくなるように思えます。愛や希望、寛容、興味という気持ちを経験することで、私の人生が一層豊かになり、家族や友人、教会、そして人生を懸けた仕事に対して尽くすことができるのです。

実際、上層階で過ごした日々が私に喜びを与え、この本を書きたいという思いにつながり、実現しました。私が下層階にいるときは、独創的な考えは全く浮かびません。筆が止まり、私のアイデアを示す実例や物語が思いつかなくなります。なんとかひねり出したとしても、馬鹿げていたり、くだらなかったりするものばかりです。対照的に上層階では、例え話や文章表現があふれ出てくる日もあります。まるで私の頭の中から出たものではないようなひらめきやアイデア――この世の全てに通じる知恵や独創的な発想――の泉とつながっているかのように。

ムードエレベーターが下層階に降りようとしているときは、その前兆に気付くようになりました。いつもより焦りを感じたり、すぐにイライラしたり、悩みを抱えたりするようになるのです。普段なら笑い飛ばせるささいな問題や間違い、誤解が気に障り、いら立ちや怒りがかき立てられ、さらなる下層階へと沈んでしまいます。

あなたも、これまでの生活の中で経験した自分自身のムードエレベーターの動きを思い起こすことができるでしょう。たくさんの人が、より頻繁に、より長く上層階にいたいという当たり前の願いを持っています。心配事を減らし、ストレスを軽減させ、いら立ったり、悩みを抱えたりする回数を少なくしたいと思わない人などいるでしょうか？感謝の気持ちや愛情、ユーモアや陽気さをもっと持ちたいと思いませんか？　素晴らしい創造力や飽くなき好奇心、優れた適応性、精神的な強靭《きょうじん》さなどを得たいと思いませんか？

さらに言えば、上層階で過ごす恩恵は長く続き、積み重なっていきます。上層階で長く過ごせば過ごすほど、人生が一層改善していく傾向にあるのです。なぜなら、ムードエレベーターの上層階では、私たちはベストの状態となり、考えが非常にクリアになり、最も賢い選択を行い、最高の創造力を発揮することができるからです。次の質問に答えてみてください。あなたが大切な人との関係を築こうとする、または修復しようとするとき、どの階層にいたいですか？　愛する人とデリケートな話をするときはどうですか？　仕事で複雑な問題に取り組んだり、人生に関わる重要な決断を下したりするのは、どの階層にいるときがいいでしょうか？

ほとんどの人にとって、答えは明らかでしょう。ムードエレベーターの上層階では、ストレスをさほど感じずに、大きな成功――すなわち、より健全な人間関係、個人の生産性拡大、人生の質向上――を得ることができます。個々人によって定義された成功が何であれ――最も重視しているものが功績なのか幸せなのかなどにかかわらず――ムードエレベーターの上層階は、親としての役割を果たしたり、リーダーを務めたり、キャリアアップしたりするための最適な場所なのです。

あなたがより多くの時間を上層階で過ごせるとしたら、また、やむなく下層階を訪れることになったときに、あなた自身や周りの人に与えるネガティブな影響を最小限にする方法を学べたとしたら、どれほど生活や仕事、人間関係が異なったものになるかを想像してみてください。

ムードエレベーターについて説明すると、ほとんどの人がすぐにその概念に共感します。しかしながら、このような概念を用いて、自分自身の人生経験に思いを巡らせる人はほとんどいません。その理由はおそらく、ムードエレベーターが「人生のありのままの姿」――変えることのできない人間としてのごく基本的な真理――であり、それ故にあれこれ考える必要すらないものだと思い込んでしまうからでしょう。

確かに、人として生きるということは、全ての時間をアップダウンするムードエレベーターで過ごすことを意味しています。私たちは皆、いつかの時点で図に描かれているほとんどの階層を訪れるでしょう。しかし、それぞれの階層で過ごす時間の長さは人によって大きく異なります。あなたは「焦りやフラストレーションを感じている」「心配や不安を感じている」「批判的で人を非難している」といった階層にいつも向かってしまうような人に会ったことはありませんか？　その一方、常に「機知に富んでいる」「楽観的で希望に満ちている」「寛大で思いやりがある」などの階層の住人と知り合う幸運に恵まれたことはありませんか？　私たちは選択することによって、人生の大半をどの階層で過ごすのかを決めることができるのです。そして、その選択こそが私たち自身の人生の質や出会う人々に大きな影響を及ぼすのです。

ムードエレベーターについて説明すべきことはもっとたくさんあります。異なる階層同士での人間関係は複雑になることがあり、また、ある階層から別の階層に移ることは、時に困難を極めます。次章からは、ムードエレベーターで人生のかじ取りを行っていく実態について、より深く掘り下げていきます。

最後におさらいしておきましょう。本書の主な目的は、ムードエレベーターの上層階で過ごす時間を増やし、また、下層階にいる時間とその場合のネガティブな影響を減らすテクニックをあなたに伝授することです。次章以降に書いた原則を共有することによって、すでに数え切れないほどの人が、より多くの時間を上層階で過ごせるようになっています。そして、その原則はあなたにとっても同じような効果をもたらすと私は確信しています。

第2章 何がムードエレベーターを動かすのか？

人をつくるも壊すも、自分自身だ……自己の考えの主《あるじ》として、人はあらゆる局面に対する鍵を握っている。

——ジェームズ・アレン

ムードエレベーターを乗りこなす技術を身に付けるためには、何がエレベーターをコントロールしているのかを理解する必要があります。

そもそも何がムードエレベーターを動かしているのでしょうか？　また、私たちのムードを上へ下へと運ぶものはどこからやって来るのでしょうか？　その答えにあなたは驚くかもしれません。なぜなら、多くの人が思いもつかない意外なものだからです。

そして、その答えを理解するだけでも、あなたの人生にとてつもない影響を及ぼし得るのです。

ムードは天気が予期せず変わるように、突然変化するように見えます。朝、ベッドから起き上がるとなんだか気分が悪い――そのせいで、これといった理由もなく気が立ったりイライラしたりします。そんな状況を昔からよく「目覚めが悪い」と表現してきました。

しかし、ムードの変化には多くの場合、具体的な要因があるようにも思われます。分かりやすいのが、日常生活での出来事です。私たちが感じるムードは、身の回りの出来事や他人からの言葉に起因しているように見えます。第1章で紹介した私の友人、ジョンの話を思い出してください。きっとジョン本人に聞いたら、彼の目まぐるしいムードの変化は、フランとの会話が原因だと言うでしょう（フランは、ティップトップ・プロダクツ社が人員削減を行なう可能性がある、といううわさを教えた人でしたね）。ムードは外部要因によって引き起こされるものだと多くの人が信じています。特にネガティブなムードに対して、その考えを当てはめ、私たちをムードエレベーターの下層階に導くと信じているのです。気に入らない出来事が起こる、または周りの人の言動によって下層階行きのボタンが押されるというわけです。

こうした例はいくらでも思い浮かぶでしょう。恋人があなたの服装や手料理に文句を言う、わざわざ親切にした人から感謝の言葉もない、株式市場が再び下落して退職金が目減りする、風呂場の体重計に載ったら見たくもない数字が表示される、ティーンエージャーのわが子が家に連れてきた恋人をピアスが多過ぎて好きになれない、うっかり赤信号を無視したら高い罰金を払う羽目になった、何もしていないのに上司や同僚に不当にとがめられる(もっとも、あなたがしたことについて、とがめられるのはもっと気分が滅入るでしょうけれど!)などです。このような状況をあなたも思い描くことができると思います。

私たちは皆、こうした難題に毎日のように——毎時間とは言わないまでも——遭遇しますが、これらの出来事を見ても、本当のところ何によってムードが変化するのかはっきりしません。ただ、少し考えてみると、結局、ムードと外部要因とに明白な関連がない場合があることも分かるでしょう。私たちは本当の原因が分からないにもかかわらず気分が良くなったり、悪くなったりするのです。実際は、こうした理由のないムードが私たちの行動パターンや感じ方に作用する場合がほとんどで、逆のケースはめったにありません。別の事例を見ると、一般的にムードの変化を引き起こす出来事でも、単純にはそうとは言い切れないことが分かります。

確かにあなたは、パートナーからの批判的な言葉によって、気分が急速に落ち込み、過度な保身や怒りを引き起こされることがあるでしょう。しかし、別の日には、そんな批判を軽くあしらい、2人が思わず笑ってしまうような冗談半分の受け答えができたりします。株式市場の急落は、不安や絶望を生み出すかもしれません。その一方で、投資アドバイザーに電話し、長らく先送りにしていたベストな資産構成への調整に関する話し合いの日取りを決める機会になることもあります。上司から叱られたことで、怒りや敵意を抱くこともあるでしょう。ただ、その叱責を良い機会と捉え、どうしたら仕事のやり方を改善できるかを見つけ出す契機となって、結果、二度と同じミスをしなくなるケースも考えられます。

私たちは外部の刺激に対して、機械的かつ予想通りの反応をするロボットではありません。私たちは人間であり、周囲の環境に対する反応は多様で、異なっています。そしてその反応は、外部要因ではなく、頭の中で起きていることによって決まっていくのです。私たちの考えに刺激を与える出来事が起きたとしても、あくまで私たちのムードを決めるのはその考えがどうあったかなのです。

私の友人、ジョンの話を思い出してください。確かにフランの一言によって気持ちが次々に変化し、ジョンの乗ったムードエレベーターは、下層階にいったん向かった後、上層階へと昇っていきました。ここでムードエレベーターの方向転換をもたらしたのは、ジョンの頭の中の考えです。ジョンの頭の中はあのとき、ティップトップ・プロダクツ社において全力で仕事に打ち込んできたという思い出から、親友ロンのようにハイテク企業に転職し、役員まで出世するという未来の空想へと変化しました。このエピソードは、「私たちのムードをつくり出すのはそれぞれが暮らす環境ではなく、その環境をどう解釈するかである」という事実を示しています。周りで起こる出来事と、結果として生じるムードとの間に変数として、私たちが出来事をどう判断したのか——すなわち私たちの考え——が存在します。それはコントロールできることなのです。

この真実を、私たちは日々の生活の中で経験しています。あなたが疲れ切り、大変だった一日を終えたとしましょう。今日できなかったことを反省し、明日やらなければならないことを考えると、やる気が削がれ、圧倒されてしまいます。しかし、十分な睡眠を取り、朝日とともに目覚め、散歩やジョギングに出掛けると、大抵は驚きとともに「人生は順調だ」と感じるでしょう。あなたは希望に満たされながら職場での新たな一日に臨み、山積みの仕事に喜んで取り掛かるのです。

あなたの置かれた状況は何ひとつ変わっていません。唯一変わったのは、その状況に対するあなたの考えです。

最も親しい人々との人間関係においても、同様のことが当てはまります。私には16歳から52歳まで〔執筆時。以下同様〕、子どもが5人います。長男、次男、三男は今や40歳代と50歳代ですが、あらゆる時期を共に過ごしてきました。オムツの交換や夜泣きを経験し、スイミングやボディーボード、ウォータースキー、オフロードバイクを教えましたが、大学卒業と同時に親元を離れていきました。私の再婚は36年以上も前ですが、それから長い年月が過ぎた後、妻のバーナデットが子どもを新たにつくりたいと言ってきました。私が55歳のときにケンドラを、65歳でローガンを授かりました。年の差のせいでローガンは一人っ子も同然となり、最終的には私がよく遊び相手になっていました。例えばスタンドアップパドルボードやウォータースキー、ジップラインなどです。ローガンはバレーボールが好きだったため、朝から晩までバレーボールの試合をたくさん見ました。

このように普段と異なる経験は、幅広い考えに刺激を与え、ムードエレベーターの全く違う階層へと私を導きます。週末や休暇の朝、ローガンが「パパ！　行こう！」と叫ぶのを聞くと、私はローガンが人生にもたらしてくれたポジティブな出来事全てに思いを巡らせます。ローガンは子ども特有の新鮮さと好奇心に満ちた目を通じて世界を眺めるため、私の学びと成長につながります。ローガンの遊び相手になったことで、彼に付いていけるよう、自分の健康や体調管理に大きく関心を向けるようになりました。ローガンからの誘いがあるときはいつも、「最後になった人が負けだぞ!」と大きな声を上げ、彼との追いかけっこを楽しむのです。

しかし、たまに私の考えが逆方向に進むことがあります。時々は、ゆっくり寝て、くつろいで、疲れを取りたい週末や休暇の朝もあります。そんなとき、ウェット・アンド・ワイルド・ウォーターパークに出掛けたり、ワイメア・ベイの岩場から飛び降りたりすることに全力を注ぐことを想像すると、ふと次のような考えが頭をよぎります。「私は何を考えていたのだろう。人生も終盤に差し掛かっているのに、さらに子どもをつくるだなんて!? 疲れ切ってしまわないように、もう少しうたた寝したり、ハンモックで好きな本を読んだりしていたいなぁ」。私はうめき声を上げ、ベッドを転がりながら、布団を頭まですっぽりとかぶってしまいます(もちろん、そんな努力はいつも無駄に終わりますが)。

さて、この話の中で変化したものは一体何でしょう？　ローガンも、私が選んだ人生も、変わりはありません。変わったのは私がどう判断したのか――私の考え――だけなのです。そうです、私たちがどのように考えるかで人生が決まるのです。

頭の中の映画

先日、セン・ディィレイニー社で新たにデボラという名前のコンサルタントを雇いました。わが社のコンサルタントは飛行機で現場に行くことがほとんどのため、好きな場所に住んでもよいということになっています。それまでヒューストンで働いていた彼女はそのままそこにとどまることにしました。

デボラが入社して研修を始めて間もなく、私はヒューストンにある大手公益企業の最高経営責任者（ＣＥＯ）とのアポイントメントを取り付けました。そしてデボラにも同行してもらおうと考えました。ＣＥＯとの商談に参加すれば、わが社が見込み客に対してどのように営業するのかを知る良い機会になると考えたからです。また、ヒューストンにおいて、彼女の担当できる仕事が生まれるかもしれません。

純粋に善意からの誘いだったのですが、それがデボラの考えにどのような影響をもたらすかについては、思いが至りませんでした。

かなり時間が経ってから、デボラはそのときに自分の頭をよぎった考えについて、詳しく話してくれました。

転職先の会長と一緒に商談ですって⁉ 私は入社したてで、まだセン・ディレイニー社を知ろうとしているような段階なのに……。もし私がうまく対応できなかったらどうなるの？ 私は営業マンじゃない、コンサルタントなのよ。何かばかげたことを言ってしまったらどうしよう？ 会長に恥をかかせたり、商談に失敗したりしたら？ クビになるかもしれない！ そうなったら私の経歴に傷がついてしまうわ。思い切って長く勤めた会社を辞めちゃったし、もう後戻りはできない。別の仕事が見つからなかったらどうなるの？ 1番上の子は大学に行けなくなるわね。家さえ失いかねないわ。

デボラは想像が飛躍するのを抑え切れず、ついには自分自身がホームレスになり、高速道路の下のダンボールハウスで寝泊まりする姿を思い描いてしまいました。

ただ、蓋を開けてみると、その商談はデボラが恐れたものとはまったく異なる展開になりました。私たち3人は驚くほど打ち解けることができました。なんと、デボラがその公益企業のCEOと同じ教会に通っていること、そして共通の友人がいることが分かったのです。セン・ディレイニー社はコンサルティング契約を結ぶ運びとなり、デボラはホームタウンでの仕事を得て、新たなキャリアへの一歩を踏み出しました。デボラが自らを不安な心境に追い込んでしまったことについて私に話してくれたのは後になってからでしたが、私たち2人には良い笑いの種になりました。

これはデボラに限った話ではありません。私たちは皆、起こっている（または起こっていない）あらゆる出来事に解釈を施し、それが何を意味するのかについて架空の物語を投映しながら人生を送っています。まるで頭の中で映画を制作しているかのようです。私たちは自分がどのような考えをしていてもそれを取り入れ、その考えが感情や身体的な反応と同様に、リアルなものであると感じるように仕向けているのです。まさにハリウッドの特殊効果チームがファンタジー作品にバーチャルリアリティーを用いる手法と同じです。こうした想像力のおかげで、同じ出来事をハッピーエンドにもバッドエンドにもすることができるのです。

たまにこの「考え」が及ぼす力によって、私たちはまだ起こっていない出来事を実感することさえあります。例えば、ある人に対し、「した」と決めつけて本気で怒りをぶつけたことはありませんか？（その後、実はその人は何も「してなかった」と気付いたことは？）また「もう就職できない」とか、「恐ろしい病気にかかった」などと思い込んだ経験はありませんか？（それでも結局、最悪の事態を免れませんでしたか？）あなたは必要のない苦悩を抱えた日々を過ごしたことがあるでしょうが、それは全て考えが及ぼすとてつもない力のせいなのです。

セン・ディレイニー社が数年前、大手との合併を検討していたとき、社員たちの感情は合併後に「何が起こり得るのか」という考えにかき乱されていました。社員の半数は合併がもたらすチャンス——販路拡大や企業としての能力強化、成長を加速させる追加投資など——に色めき立っていました。残りの半数は、独自の企業文化が失われると決めつけ、まるで喪に服しているかのように履歴書の書き直しを考え、すでに消滅したセン・ディレイニー社からの難民として、新しい仕事を探していました。どちらのグループも未来を思い描いた映画を制作して、それに反応していたのですが——いずれも頭の中の考えに過ぎません。

　最終的にその合併は実現せず、どの映画の台本も一夜にして消滅して、慣れ親しんだ日常が戻りました。興味深いのは、それから数年後にセン・ディレイニー社が大手企業のハイドリック&ストラグルズ社との合併を実際に決めたときのことです。全ての社員がそれまでに、考えが及ぼす力とムードエレベーターについて理解を深めるトレーニングを終えていたので、合併は順調に進みました。考えによってムードが変化し、気持ちが動転した人は、誰一人いなかったからです。

「考えが及ぼす力によってムードが変化すること」を理解すれば、物事に対するあなたの反応をコントロールしやすくなります。あなたが本物の映画を見ているときにしていることとまさに同じなのです。暗い劇場に座り、人間ドラマやサスペンス映画に夢中になっているとき、流れる音楽や特殊効果によって、あなたのアドレナリンはあふれ出ているでしょう。しかし意識の上では、ただの映画であることを理解しています。もし映画が怖すぎたら一休みしてポップコーンでも買えばいいし、たとえ物語が悲劇的なものであっても、映画が終われば普段の生活に戻れるということを、あなたは分かっているのです。

あなたが頭の中の映画を同じように受け止められるようになったら、考えがあなた全体に及ぼす影響力が軽減し始めるでしょう。ムードを完全に断ち切ることはできませんが、あなたの考えがムードの源であると知ることによって、少しだけ客観的になり、コントロールを保ち続けられるようになるのです。これが、コントロールできない感情的な力によるなすすべのない犠牲者になることを逃れ、あなたがムードエレベーターの上層階に昇るための大きな最初のステップであり、次章以降に記した長い学びの道のりにおける一歩でもあるのです。

第3章

ムードエレベーターの上層階へ——得られる大きな恩恵

人は自らの考えによって形作られる。無私無欲の考えに至った者たちは、その言動に喜びが表れる。そして喜びは片時も離れない影のように、その者についてまわるのだ。

——ブッダ

第2章で見てきたように、ムードエレベーターのアップダウンをコントロールするには、考えが重要な役割を果たしています。私たちの考えは、喜びから絶望まで、私たちが経験するあらゆる感情に影響を及ぼします。考えが感情的な現実をつくり出していると理解することが、ムードエレベーターをコントロールするための第一歩となるのです。私たちの考えによってムードがコントロールされることが分かれば、ムードに対して客観的な距離を保つことができます。心配や恐れ、不安にとらわれることが減り、感情の赴くままに置かれた状況や周囲の人々を批判することが少なくなります。

これを理解することが、ムードエレベーターを乗りこなすための第一の原則です。その影響は大きく、これまでの何千もの人々と同様、あなたの私生活が改善し、所属する組織に貢献する能力が向上するといった、いくつもの絶大な恩恵を得ることができます。

個人が受ける恩恵

考えが及ぼす力を理解できるようになると、人生がさまざまな場面で好転し始めます。理解し難く、コントロールが難しいムードという荒波に翻弄されなくなると、より大きな安らぎと解放感が得られるとともに、人生を一段と謳歌できることが分かるでしょう。しかし、恩恵はそれだけにとどまりません。ムードエレベーターをコントロールすることを学べば、さらなるキャリアアップや、やりがいの大きな仕事、愛情に満ちた結婚生活、健全な人間関係を手に入れやすくなります。要するに、あなたの人生においてストレスが減る一方、成功する機会が増えていくのです。なぜなら、私たちが上層階にいるときは、質の高い考え方をしているからです。考え方がより明確になり、焦点を絞りやすく、一段と整理され、結論に到達しやすい状態になるのです。

あなたが最近、非常に慌てたり、いら立ったり、悩んだり、極端に焦ったりして、何ひとつうまくいかなかった出来事を思い出してください。それは、重要な会議に遅れたり、込み入ったプロジェクトの達成に向けて悪戦苦闘したり、自分の手には全く負えない緊急事態に対応したりしたときのことかもしれません。

このような状況のとき、あなたはどのような考え方をしていたでしょうか? もし私と似たような感じだったとしたら、おそらく非常に散漫で、まとまりのない考え方をしていたでしょう。私が鍵や携帯電話のように大切な物を置き忘れる可能性が非常に高いのは、まさしく会議に時間通り参加しなければならないような、最も強いプレッシャーを感じる朝なのです。そんな朝は、一見簡単そうな仕事に失敗する可能性も非常に高くなります。考えが空回りし、基本的な質問に答えたり、簡単な問題を解決したりすることさえ難しく感じるのです。同じようなことは過度に興奮していたり、非常に感情的だったりするときにも起きてしまいます。

このように私たちの考えはムードエレベーターの動きに影響を及ぼしますが、一方で、ムードエレベーターの動きもまた同様に私たちの考え方の質に大きな影響を及ぼしています。

ムードエレベーターの下層階では、私たちは考え方の質の低下に苦しみます。心配や不安、混乱によって感情や気持ちが揺さぶられ、それに巻き込まれる形で私たちの考えも大抵、堂々巡りになってしまうのです。せわしなく、より雑然とした考え方です。そうなると、私たちは周りの状況を普段通りには受け止められなくなります。人が何を思っているのか、そして私たち自身が人にどのような影響を及ぼしているかに気付かなくなるのです。

一方で、あなたはこれまで、複雑な問題への取り組みが無駄足だったと気付き諦めようとしたときに創造性に富んだ解決策が浮かんできた経験はありませんか？　私たちがムードエレベーターの上層階へ向かうと、考え方は好転します。これはリラックスしているときや心を落ち着かせているとき、考え方のパターンを変化させたとき、また運動や散歩、音楽鑑賞などで不安から解放されているときによく起こります。このような状況を生むのに、家の掃除や芝刈りなど日々の雑用でさえ役立つかもしれません。実際、ある調査によると、最も斬新で独創的なアイデアが浮かぶのは、シャワーを浴びているときだそうです！　シャワーの音やリズム、温かさによって俗世間から切り離され、私たちの考えから生まれた心の雑音がかき消されて、心が静まり、質の高い考え方を取り戻すことができるのです。ムードエレベーターの上層階に向かい、質の高い考え方をしているときは、自らの潜在能力を全て発揮できるのです。

このようなとき、あなたはまるで自分が「ゾーン」に入ったかのように感じるかもしれません。シカゴ大学で心理学部長を務めていたミハイ・チクセントミハイ氏は、自身の著書『フロー体験―喜びの現象学』の中でこの現象について説明しています。チクセントミハイ氏は、人は自分のしていることに没頭すると「フロー体験」が得られると提唱しました。フロー体験中は、考え方が非常に明晰で、創造力にあふれ、機知に富んだ状態となり、不思議と取り組んでいる課題の解決策が見つかるそうです。このようなポジティブな反応は自然に、そして苦労することなく起こるようにみえます。

私は自分の生活を振り返る中で、また人から聞いた話について考える中で、ムードエレベーターの上層階で感じるムードとフロー体験との間には密接な関係があることに気付きました。もしそうであれば、フロー体験が人生において必ずしも珍しい現象ではないことを意味します。「ゾーン」に常に居続けられる人はいませんが、ムードエレベーターの上層階に行く方法――時々ではなく頻繁に、また偶然ではなく意図的に行く方法――を習得すれば、フロー体験に入ることを人生の習慣にすることは可能なのです。

ベストな自分を取り戻す

この世に生を授かった者は皆、健全な精神と健やかな感情を備えている――これは私の揺るぎない信念の一つであり、本書における基本的な前提となっています。愛情があり、創造力にあふれ、信頼し合い、寛容な心を持ち、好奇心を絶やさない、幸せな状態が本来の人の姿であり、私たちは人との関係が温かく親密なものであることを望んでいるのです。

このような状態は、幼い子どもたちに非常によく見受けられます。子どもたちにとって、人生は「驚き」です。彼らは思うがまま、その瞬間を生きています。日々の悩みなどすぐに忘れ、根に持つことはありません。子どもたちは自然と多くの時間をムードエレベーターの上層階で過ごします。もちろん、時には下層階に降りることもあるでしょう。怒りや焦り、いら立ちをあらわにする子どもたちの姿は誰もが目にします。しかし、子どもたちは多くの場合、大人のように下層階に長くとどまることはありません。なぜなら子どもたちはより気楽に考えようとする傾向にあるからです。子どもたちはまだ物事の在り方を把握していないため、起こったことに対し、考えて判断するのではなく、そのままを受け止めながら生きようとするのです。

残念ながら、私たちのほとんどは自身の成長とともに、考え方の癖や信念を身にまとい、そうしたものが持って生まれた健全さを覆い、くすませてしまいます。人から傷つけられると、私たちは一段と用心深くなり、身構えてしまうかもしれません。失敗を批判されると、せめて無様な姿をさらさないよう、責任を逃れるための言い訳をしたり、人のせいにしたりすることを学ぶかもしれません。競争の激しいスポーツをすると、物の見方が相手と自分の双方にメリットがある「Ｗｉｎ－Ｗｉｎ」ではなく、自己本位な「Ｗｉｎ－Ｌｏｓｅ」になってしまうかもしれません。自分らしさが否定されると、本当の姿ではないもう一人の自分をつくり上げてしまうかもしれません。こうした考え方の癖が私たちをムードエレベーターの下層階に向かわせ、私たちの中にある子どものような健全さから遠ざけてしまいます。

ただ幸いにも、私はコンサルタントという仕事を通じ、実際には全ての人がどこかに子どものような健全さを保ち続けていると分かりました。彼らに必要なのは、自分の中に残っているその子どもの健全さの存在に気付き、もう一度取り戻すように努め、それを可能にするシンプルなテクニックを教わることだけなのです。あなたは本書の中で、こうしたテクニックをたくさん学びます。その結果、多くの子どもたちに見られる喜びや創造力、寛容さなどの健全な態度を再発見できるようになるでしょう。これは大人たちにとってもベストな状態だといえます。

以前、息子のローガンと釣りに行ったとき、私たちは浮きを使いました。魚が餌をつつき始めると、浮きは上下に動きます。魚が水中で餌をつつくことにより、浮きは下に引っ張られますが、水面に浮いていることが浮きの自然な状態であるため、沈んだ浮きは再び水面に戻ってきます。これと同様に、私たちの自然な状態はムードエレベーターの上層階にあります。心配や批判、不安につながる考えはこの場合の魚であり、私たちを一時的に下層へと引きずり込みます。しかし、私たちが心を静め、このような考えから解放されれば、自然で健全な状態へと戻るのです。

心の踏ん張りを保つ

難題やストレス、もめ事、そしてとりわけ他人の理不尽な言動に直面し冷静さを失うような人は、明らかに不利な立場に置かれます。私の経験によれば、いら立ちや怒り、敵意をあらわにしている人に対峙したとき、反対に冷静さを維持できれば、ほぼ確実に優位に立つことができます。これを心の踏ん張りが利かない状態で対応すると、手に負えない状況に陥ることでしょう。

数年前、私は遊園地のユニバーサル・スタジオでマジックショーを見る機会がありました。マジシャンは、観客の中から屈強な3人の男性たちをステージ上に招き、靴を脱いで指定した位置に立つようにと伝えました。

次にマジシャンは小柄な女性をステージに呼び、靴を脱いで男性たちから3メートルほど離れた位置に立つように言いました。そして男性たちにロープの一方の端を、女性にもう一方の端を渡し、綱引きをさせたのです。その結果に観客全員が仰天しました。小柄な女性が、いとも簡単に3人の大男たちを引っ張り、床に引き倒してしまったのです。

後になって分かったことですが、その男性たちは非常に滑りやすい最先端の材料でコーティングされた床の上に立たされたため、靴下の足では踏ん張りが利きませんでした。反対に、女性は滑りにくいゴム製のパッドの上に立っていたのです。このおかげで、女性はさほど力をかけずに男性たちを動かすことができたというわけです。

私たちのムードエレベーターが数階下へと向かうとき――特にそれに気付かず、対応もしないとき――私たちは心の踏ん張りを失ってしまいます。考えが曖昧になり、コミュニケーションもうまく取れず、反応も鈍くなります。このような状況下では、さほど難しくないような事柄でさえ簡単に私たちを圧倒してしまいます。

ただ、簡単な手順を踏むことで、あなた自身の心の踏ん張りを保ち続けることができます。あなたが今度、気難しい人――否定的に考えたり、傲慢《ごうまん》になったり、攻撃的になったり、過剰な保身に走ったりする人――に応対するとき、先ほどの綱引きを思い出してください。そして、深呼吸をして、ムードエレベーターの上層階で得られる大局的な見方や理解力、洞察力を取り戻す考えを意識的に活用するのです。そうすれば、あなたは感情面での踏ん張りを保ち、はるかに素晴らしい人生を謳歌できるでしょう。

独創的なアイデアを手に入れる

ムードエレベーターの上層階にいると物事がうまく進むもう一つの理由は、独創的なアイデアの源泉に一段とアクセスしやすくなるためです。

本当のところ、私たちの頭の中で起こっていることのほとんどは、新しくもなければ創造的でもありません。多くの場合、すでに記憶の貯蔵庫にあるものをただ再利用するか、新しい情報をすでに持っている知識や経験に基づくカテゴリーに分類しているだけなのです。会社の休憩時間やカクテルパーティーでの典型的な会話を思い出してくださ い。あなたが子どもについて話すと、相手も自分の子どものことを話してくるでしょう。休暇のことを話題に出せば、相手も最近取った休暇について詳しく話してくれます。同様に、ほとんどの会議で提案されるアイデアは聞き覚えのあるもので、新鮮味はありません。これら全ての場合における基本的な構図は同じで、秩序立った体系の中に新しいものが入り込む余地はなく、特に創造的・独創的なものは生まれないということです。

すでに持っている知識を再利用したり、新しい情報を以前からあるカテゴリーに分類したりすることは、何も悪いことではありません。どちらも私たちの知力につながっています。しかし、独創的なアイデアは私たちの精神が最高の状態にあるときにもたらされます。最高の状態になることで洞察力と聡明さが与えられるのです。一部の人は、独創的なアイデアは個人的経験の域を超え、特殊な状況下でのみ得られる英知の結晶から生まれるものだと言うかもしれません。新鮮で、一見不可解なアイデアが急に脳裏に浮かんだときには、確かにそのように感じてしまいます。

独創的なアイデアは、発明や突破口、長年の問題に対する新たな解決策、別の角度からの物の見方・やり方などに至るきっかけとなります。1994年7月4日、若きエンジニアだったジェフ・ベゾス氏が愛車の1988年型シボレー・ブレイザーでドライブしているとき、まさしくそのような斬新なアイデアが浮かびました。当時、始まったばかりのインターネットが大衆向け商品の配送システムに役立つかもしれないと思いついたのです。彼は車を路肩に止め、メモ帳を取り出すと、書籍販売サイトに関する事業計画の概要を記しました。何千もの支流を持つ大河の名前にちなんだその新事業「アマゾン」は、後に小売業に革命をもたらしました。

私たちがムードエレベーターの下層階にいるとき、独創的なアイデアは大抵、浮かんできません。私たちの心や感情がネガティブなムードに支配され、それによって冷静な判断を失います。持てるであろう選択肢が狭まり、私たちの考え方は過去の記憶を頼り、ますます限定されていきます。そうなると、新しいことへの可能性を思い描くよりも、古いことにしがみつくようになります。そして柔軟性や快活さ、寛容な心を失ってしまうのです。

反対に、私たちがムードエレベーターの上層階にいると、独創的なアイデアが浮かびやすくなります。私たちの中で、これまで業界に改革をもたらす新規事業の構想を思いついたほどの人はいませんが、ほとんどの人がムードエレベーターの上層階にいることで独創的なアイデアが浮かびやすい状態でいられるという恩恵を受けているのです。

仕事や問題に苦戦しているときを思い出してください。活力を失い、疲れ、意気消沈し、手詰まり状態になってしまったのではないですか？　その後、あなたは質の良い睡眠や週末の休暇、気分転換のような単純なことを経てムードを変えたはずです。すると突然、さまざまな可能性が目の前に現れます。問題の解決策がほとんど苦労せずに頭に浮かぶのです。きっとあなたは驚くでしょう。こんな簡単なことだったのか！　なぜ今まで気がつかなかったのだろう？　これがムードエレベーターの効果なのです。

どうすればムードエレベーターの上層階でより長く過ごせるのかを学ぶことにより、あなたの中にある独創的で革新的な能力の引き出し方が上達します。あなたの生活や仕事において上層階で過ごす方法を学べば学ぶほど、ストレスが減り、さらなる成功につながってゆくでしょう。

組織が受ける恩恵

ムードエレベーターへの乗り方を学ぶことにより、個人は大きな恩恵を受けますが、従業員がこの技術を磨くことで組織も大きな恩恵を享受します。セン・ディレイニー社によるムードエレベーターの社員向けセミナーを受けたクライアント企業の多くが、米ビジネス誌『フォーチュン』が選ぶ「世界で最も称賛される企業」ランキングに入りました。また顧客満足度の高い企業に与えられるJ・D・パワー賞を受賞し、世論調査を手掛けるギャラップ社が測定する従業員エンゲージメントスコア〔会社への自発的貢献意欲の持続性を示す指標〕のランキング上位を獲得したという事実は、決して偶然ではありません。

セン・ディレイニー社には企業文化構築を指導する上で核となる信念があります。それは、私たちは基本的にクライアントに何ひとつ教える必要はない、ということです。私たちは、クライアント本来の最高の姿を呼び覚ますための実践的な方法を伝えるだけです。ムードエレベーターの上層階にいれば、個人でも組織でも本来の姿を自然と取り戻すことができます。経営陣や各部署が最高の状態で業務を行えば、本来の健全な行動パターンがさらに広がり、組織は発展していくのです。

多くの人が成長とともに、幼児期に持っている純粋な心や感情的な健全さを徐々に失っていくことはすでに述べました。成長する代わりに、考え方の癖が生まれ、人は恐怖、過度な保身、不誠実といったネガティブな心構えや行動パターンに支配されやすくなってしまうのです。こういった考え方の癖を身に付けてしまった人が多く勤めている組織では、機能不全が目立つようになります。「Ｗｉｎ－Ｌｏｓｅ」となる政治的対立や信頼の欠如は不必要な争いや誤解を引き起こします。各部署や各人が非難し合い、権力や名声、資産をめぐって争うようになります。結果的に、組織は個人的あるいは文化的な機能不全を解消しようともがきながら時間や労力、資金を無駄にし、生産力や創造力、成長力の向上に注力することができなくなってしまうのです。

セン・ディレイニー社が新たなクライアントに対し企業文化についての診断を行うと、その分析結果の中で数値の高い項目が現れ、問題があると示されることがよくあります。数値が深刻な機能不全を示すレッドゾーンに最も達しやすい項目の一つは、「従業員が自分は尊重されている、あるいは評価されていると感じていない」という項目です。驚くことではありません。最近では、多くの企業がこれまで以上の速さで活動しているため、人的側面は見過ごされがちです。しかし、従業員をないがしろにすることはトラブルの元凶になります。従業員の帰属意識が失われ、顧客満足度の低下につながるからです。

幸運にも、私たちは本書のコンセプトを活用することができます。私たちのクライアントはこのコンセプトを活用してレッドゾーンから着実に抜け出し、よりポジティブなエネルギーや精神と共に健全で高い成果を挙げる企業文化を形成しています。ムードエレベーターの下層階では得られない生産的な考え方や気持ち、行動パターンを取り戻すことができると学べば――かつ、実際に生産性が上がり、従業員や顧客が「自分は尊重され、評価されていると感じる」ことができると学べば――クライアントの力は向上していきます。私たちのクライアントは、健全で組織的な行動パターンを得るには考えを変えるだけで十分であると知り、どうすればそれを手に入れられるのかを学ぶのです。

組織に必要なバリューリスト

ムードエレベーターの上層階で発見した
心構えと行動パターン

- 基本姿勢：人への敬意、信頼、承認、思いやりに基づく前向きで楽観的な精神（悲観、皮肉、不信の対極）

- 自己責任および卓越することへの強い願望（責任転嫁や言い訳の対極）

- 組織全体の利益に貢献する相互支援的な人間関係およびチームワーク（利己主義、縄張り争い、「Win-Lose」となる政治的対立の対極）

- リスクをいとわず、変革を奨励することで育まれる好奇心や何でも学ぼうとする姿勢（新たなアイデアに対する批判や敵対心の対極）

- 誠実さ、信頼性、透明性（偽装や秘密主義の対極）

- 組織の在り方を決める最高位の理念や意義に対するひたむきな関与と献身（不信感や私利私欲の対極）

企業をムードエレベーターの上層階に向かわせるバリュー

クライアントに対して行われるセン・ディレイニー社のセミナーには、CEOなどの経営陣が参加する特別な社外セッションが含まれています。このセッションでは、参加者が心から楽しみ、生産性が高く、やりがいを感じているときの行動パターンについて話し合い、理解を深めていきます。セッションが終盤に差し掛かるころには、参加者のムードエレベーターは大抵、最上階に達し、最高の状態で考えたり行動したりしている自分たちに気付きます。そのようなとき、私たちは参加者に対し、オフィスに戻ったらどのような人間関係を構築していきたいのか――そして同様の人間関係を組織全体でどのように適用していきたいのか――を明確にするよう求めます。その答えとして、経営陣は健全で質の高い企業文化とは何かを定義する「バリューリスト」をまとめます。

私たちは、長期にわたり数百もの企業とこの作業を行ってきました。そして、組織が作成したバリューリストには、明らかな共通項があると気付いたのです。私たちは、健全な状態にある――ムードエレベーターの上層階にいる――グループは、基本的な心構えと行動パターンが自然と似通ってくるという結論に達し、それを「組織に必要なバリューリスト」としてまとめました。このリストには、ムードエレベーターの下層階では理解できませんが、上層階にいる人たちには自然と現れる行動パターンが全て含まれています。また、最も成功したチームや組織がそうでない組織よりもこれらのバリューをより備えていることも分かっています。結果的に、このようなグループに所属している個人も、大抵がムードエレベーターの最上階でより多くの時間を過ごすことができると理解し、より多くの幸せと、創造力と、生産性を手に入れるのです。

一部の組織では「組織に必要なバリュー」をすでに具現化している場合もありますが、自分を省みた経営陣のほぼ全てが、「組織に必要なバリュー」の重要性を認識し、このバリューを今後の指針にすることを目指すようになります。同じバリューは、これまで行ってきた50カ国以上において、「フォーチュン500」(米『フォーチュン』誌が年1回、収益を基に作成する企業ランキング」に選ばれた100社以上の経営陣や州・地方政府、大学などさまざまな組織に対して行ったセミナーでも、現れています。この「組織に必要なバリュー」は、組織のみならず個人に対しても効果のある普遍的な原則だと信じています。

この原則が組織でどのように展開されているかを知るのは非常に興味深いことです。一例として、人気のボディーケアブランド「バス&ボディワークス」や下着ブランド「ヴィクトリアズ・シークレット」を展開するエルブランズ社（2020年に株式を半数以上売却）を見てみましょう。「組織に必要なバリュー」は、同社が企業文化を育むために定義した「エルブランド・ウェイ」に記されています。

たくさんの組織による非道徳的な行動パターンが非難の的になるこの時代に、エルブランズ社は利益だけを追い求めるのでなく、自社のバリューを守ることを基本的に約束しています。同社の創業者であり、CEOのレスリー・ウェクスナー氏は、「どのように正々堂々と行動するかが重要だ」（※1）とし、事業とは単純に勝つことではないとの見方を示しています。『フォーチュン』誌はエルブランズ社を世界で「最も称賛される小売業者」の一つに選定しました。また、同社はアメリカで最も活動的な企業の一つとして南カリフォルニア大学効果的組織研究センターから認められています。

多くの世界大手企業において従業員調査が行なわれた際、エルブランズ社は以下の極めて重要な基準において最高ランクとなっています。

・決定や行動が顧客重視となっている
・従業員として尊重されていると実感している
・将来の成功に必要なスキルを培う機会がある
・多様な経歴を持つ人々がなじみやすく、受け入れられている

ウェクスナー氏は、このような実績を説明する中で、次のようにコメントしています。「自分たちの行動パターンや結果を左右するのは自分自身の考え方だ」。ムードエレベーターの概念を表すこの言葉は組織の功績に生かされたのです。

組織のパフォーマンス向上のためにムードエレベーターの力を用いているCEOは他にもいます。ケンタッキーフライドチキンやピザハット、タコベルを世界で3万6000店舗展開し、170万人の従業員を持つ米ファーストフード大手ヤム・ブランズ社のデービッド・ノバック氏です。ヤム・ブランズ社は、企業文化の形成や従業員および顧客の満足度向上のためのツールとしてムードエレベーターを効果的に活用しました。ヤム・ブランズ社は前年比10パーセント超の増益を10年連続で達成した、ごくわずかなグローバル企業大手の一社であり、ノバック氏は自身の功績により、米ビジネ

ス誌『チーフ・エグゼクティブ』の「CEOオブ・ザ・イヤー」に選出されました。

ベストセラーとなったノバック氏の著書『Taking People with You: The Only Way to Make Big Things Happen』には、ムードエレベーターの項目があります。「CEOショー」のインタビューで、ノバック氏は以下のように述べています。「最悪なのは前向きな姿勢を持たずに毎日仕事をすることです。有能なリーダーとなるためには最低でもムードエレベーターを『好奇心があり興味を持っている』の階層まで引き上げる必要があります。そして最高の決断を下せるのは、最上階に当たる『感謝に満ちている』の階層なのです」(※2)

リーダーシップを発揮するためのツールとしてムードエレベーターを活用している3人目の経営者は、米軍関係者を対象に保険・金融サービスを提供するUSAA社の元CEO、ジョスエ・ジョー・ロブレス・ジュニア氏です。多くの勲章を授かったロブレス氏は、米金融業界紙『アメリカン・バンカー』によって2009年の「イノベーター・オブ・ザ・イヤー」に選出されました。また、ロブレス氏が率いたUSAA社は、顧客サービスや顧客ロイヤルティーに関する調査において何度も米国企業トップとなっています。ロブレス氏はムードエレベーターを活用し、個人からもチームからも従業員の最高のパフォーマンスを引き出しました。ロブレス氏は「ムードエレベーターの概念は、USAA社で働く全ての人にとってかけがえのないものです。仕事において同僚と一段と協力しやすくなるだけでなく、個人的な人間関係においても同様のメリットがあります」（※3）との見解を示しています。

ロブレス氏は、2015年にUSAA社を退職し、その後すぐに、バラク・オバマ米大統領（当時）から退役軍人省に新設された諮問委員会で委員長就任の声がかかりました。退役軍人のために存在する退役軍人省をより効率的に、より利用しやすいものに変えるためでした。

今日、企業文化やバリュー、心構えに関する問題を軽視する組織は少なくなっています。ただ、もしこのような問題を軽視する組織が存在するとしたら、戦略やシステムといった「ハード」よりも「ソフト」の方は重要性が低いと判断しているのでしょう。しかし、私たちがあらゆる国や業界の組織と共に得た経験によれば、人生や組織における成功の大部分を決めるのは「ソフト」なのです。時間やエネルギーをかけて社内を省みる組織にとって、ムードエレベーターの乗り方を学ぶ恩恵が非常に大きい理由はここにあります。

第4章では、ムードエレベーターへの乗り方の秘訣《ひけつ》をさらに掘り下げていきます。あなたが意図的にムードを変え、コントロールできるようになるために、自分のムードを認識し、理解するという課題から始めていきます。

※1 レスリー・ウェクスナーと著者の会話、2013年6月13日

※2 ヤム・ブランズ社のデービッド・ノバックCEO兼会長〔当時〕「Aligning 1.4 million employees」、CEOショーでのインタビュー、2012年2月5日

※3 ジョー・ロブレスと著者の会話、2012年4月

第4章 「不健全な常態」から逃れるには

自分の考えを変えなさい。そうすれば世界が変わる。

――ノーマン・ビンセント・ピール

私たちの考えがムードをつくり出すことを理解したとしても、依然としてある問題が立ちはだかります。それは「どんなに理屈に合わない可能性があっても、私たちは大抵、自分の考えを正当化してしまう」ということです。第1章で取り上げたジョンは、ティップトップ・プロダクツ社での仕事に対する感情が、ポジティブなものからネガティブなものへ、そして再びポジティブなものへと激しく揺さぶられたにもかかわらず、その感情を正当化するため、一見したところ論理的にも思える理屈を見つけ出していました。ただ実際、私たちの考えは、「人生の指針」としてあまり信用できるものではありません。もし自分の考えのみに耳を傾けていたとしたらおそらく、最初に運ばれたムードエレベーターの階層から身動きが取れなくなるでしょう。

しかし、良い知らせがあります。私たち人間は幸運にも「考え」だけではなく、「感情」を授かりました。一つ一つの考えが一つの感情を引き起こします。そして、引き起こされた感情の一つ一つは、私たちが世の中の出来事をどのように受け取るのかを決めるシグナルになっているのです。ある意味では、ムードエレベーターはまさに「感情のバロメーター」――感情の浮き沈みを表す高感度の精密機器――といえるでしょう。そのため、自分の状態について知りたければ、感情を指針とすればいいのです。感情を見ることで自分の考えについての信頼性と、その考えが自分と周囲の人に及ぼす影響を知るための重要なヒントが得られるでしょう。

「人間版ダッシュボード」を読み取ろう

最近の自動車には電子装置が搭載されています。新車種のダッシュボードには、エンジン警告灯からタイヤ空気圧計まで、驚くほど豊富な情報が表示されます。ムードエレベーターはまさにこのダッシュボードの人間版です。あなたが感じるムードは、理解や分析が難しいと思われる感情という観点から、物事がどのようにあなた自身に影響しているのかを知らせてくれるのです。

自動車のエンジンがオーバーヒートするとダッシュボードの赤ランプが点滅し始めるように、感情がヒートアップした際には引き起こされる怒りが警鐘を鳴らします。また、自動車の燃料が少なくなるとガソリンメーターの警告灯がつくように、無気力や絶望を感じることによって、自分の感情面でのエネルギーが枯渇しつつあることが分かります。さらには、曲がる道を間違えたときにカーナビが「再検索しています」と知らせるように、不安を感じたり、フラストレーションを抱えたりするときは、あなたが間違った方向に進んでいて、その方向性を見直す必要があることを警告するのです。

これこそがムードエレベーターの重要な役割の一つ、「自分がどのような状態にあるかを知らせる人間版ダッシュボードのような機能」なのです。あなたが物事によって変化する自分の感情を把握することができたら、特にムードエレベーターの下層階へ降下していく自分自身に気付くことができたら、その感情の変化という警告をきっかけにして、あとは本書で示す通りに是正措置を施せばいいのです。これにより、あなたはさらに多くの時間をムードエレベーターの上層階——すなわち最高の状態——で過ごすことになるでしょう。

また、あなたは次第にムードエレベーターの下層階――特に何度も訪れたことがある下層階――に向かっていることを警告する赤ランプの点滅に敏感に対応できるようになります。

私にとって最も頻繁に訪れた下層階は「焦りやフラストレーションを感じている」の階層です。私はさまざまな形で「焦り」を感じています。次の発言のうちのいくつかは、あなたも身に覚えがあるでしょう。


「なんてひどい渋滞だ！　少しも動かないじゃないか！」

「また一番進みが遅いレジの列に並んでしまった！　しかも前の客は50セントのクーポンのことで言い争っている！」

「なぜ私のパソコンはこんなにも起動に時間がかかるんだ？」

「おい、みんな！　この事業の問題についてもう30分間も議論している。もう決めよう！」

私は「焦り」とともに発生する感情についても認識するようになりました。緊張や小さないら立ちを感じるほか、ほんの少し「抑圧された」感覚を抱きます。このような感覚が数分以上続いた場合、すぐに「怒り」へと変化します。そして、客の列を解消しようと一生懸命頑張っているレジ係に対し、怒りがこもった言葉を投げ付けてしまったり、ビジネスに関する打ち合わせにおいて、全ての事実を判断する前に結論を急いでしまったりするなど、浅はかな選択をすることが多くなるのです。

私がよく訪れるもう一つの下層階が「心配や不安を感じている」の階層です。「心配」は通常、怒りほど強烈ではありませんが、時には動揺などのより大きな感情を内包しています。私の場合、頭の中で作り出した物語がぐるぐると円を描き、その回転とともに物語の結末がどんどん悪くなっていくことに気付いたとき、「心配」を認識することが最も多いのです。この心配につながる悪循環を止めようとしない限り、小さな不安の種は頭の中で壮大な物語に発展していってしまいます。

私の中で何度も繰り返し発生する悪循環の一つは、身体の健康への熱意と関連しています。私は、身体面の健康が精神面における健康を向上させるという強い信念を持っていて、その信念が私を健康維持へと駆り立てているからです。朝のジョギングほど自分の気持ちをすっきりさせ、一日の始まりをムードエレベーターの上層階で迎えることを可能にするものはありません。その上、より独創的な考えが思いつき、問題を解決できる時間でもあります。60歳代で膝を痛めてしまう多くの人より何十年も長くジョギングができている私は本当に恵まれています。ただ、それもここ数年間は、ジョギング中にわずかな膝の痛みを感じるたびに身構えざるを得なかったり、頭の中に次のような最悪なシナリオが浮かんできたりすることがあります。「もしかしたら私の膝はもうダメかもしれない。そうなったらこれ以上走ることはできないし、豊かな創造力を持てなくなるだろう。トライアスロンに向けたトレーニングで健康を維持することもできなくなる。有酸素運動をやらなければ、私の寿命に影響があるかもしれない――」

人間版ダッシュボードを読み取るためには、「意識すること」が鍵となります。ムードエレベーター階層図を記したポケットカードを常に携帯し、思い出すことで、「意識すること」を常に念頭に置いておくことができます。重要なのは感情が引き起こすシグナルを読み取ることです。なぜならムードを操るための第一歩は、どのムードにいるかを把握することだからです。

無意識に陥る「不健全な常態」

残念ながら、私たちがムードの状態を把握し操ることを一段と難しくしている現象があります。私はその現象を「不健全な常態」と名付けました。不健全な常態が起こるのは、下層階のムードに慣れ、その状態での感じ方が当たり前となり、かつ、自分が陥っているその状況に気付かないときです。このネガティブな状態が私たちの新たな常態となり、自覚することができず、結果として、改めることが非常に難しくなるのです。

昔からある茹《ゆ》でガエルの話は、不健全な常態がどのように起こり得るのかを分かりやすく例えています。これは、水が入った鍋にカエルを入れ、非常にゆっくりと温度を上げていくと、そのカエルは温度の変化に気付かず、鍋から跳び出ないため、最後には茹でガエルになってしまうという話です。

私はこの茹でガエルの話について、一部の生物学者から実際には科学的根拠がないと指摘されていることを知っています。実際、生物学者によれば、健康なカエルは水温の変化に気付き、跳んで逃げようとするそうです。しかし、それでも茹でガエルの話が示唆するところは有益でしょう。なぜなら、皮肉にも人によく見られる心理的な一面を示しているからです。

この茹でガエルのように、人が周囲の不健全な環境に適応してしまうことはよくあります。例えば、セン・ディレイニー社が、本社をカリフォルニア州ハンティントン・ビーチを通る高速道路405号線沿いの新築オフィスビルに移転させてから数週間、私は絶え間ない車の騒音に悩まされていました。それが今では訪問客から「この騒音の中でどうやって仕事しているのですか?」と尋ねられても、「騒音とは何のことですか?」と返すようになってしまったのです。

同じように、私はロサンゼルス周辺のどんよりしがちな空模様にも順応してしまいました。「トップ・ハット」の通り名を持つカイトボーダーとして有名になった長男のケビンは、ハワイのオアフ島ノースショアにあるハレイワで衣料品店「ハワイ・サーフ・アンド・セイル」を経営しています。私は可能なときはいつでもケビン夫妻の家を訪れているのですが、絶え間ない貿易風のおかげで見事に青一色となっているハワイ諸島の空と驚くほど澄み切った空気を感じた後、ロサンゼルスに戻るとどんよりとした空を見ていつもがく然とします。ただ数日もすると、住み慣れたその空を気にも留めなくなってしまいます。

感情の常態化について言えば、残念なことに、私たちは皆、茹でガエルになるリスクを抱えています。あなたが誰かから、何事かについて日常的に悩まされたり、いら立たせられたりするとき――おそらく、何かの機能不全に陥っている企業で働いているようなときでしょう――を思い出してみてください。あなたが周囲の環境を変える、またはその周囲の環境に対する自分の考えを変えることにより、その問題を改善できたのならよいのですが、改善できなかったとしたら、あなたはますます悩みを深め、いら立ちが常態化し、そのような状態になっていることにさえ気付かなくなるかもしれません。

最終的には、焦りやフラストレーションを感じ、物事を悲観的に見るといったムードがあなたの不健全な常態になるでしょう。あなたが何かしらの外部要因――例えば、偶然出会った旧友からの「どうしたの？　何か悩みでもある？　前はそんなに顔をしかめながら歩くことなんてなかったのに」という言葉――によってに気付かされるまで、不幸せが常態化したまま人生を送っていたかもしれないのです。

不健全な常態に陥る前にはさまざまな兆候があります。私の場合、人生のある時期の「度を超えた熱意」が不健全な常態につながりました。全てのことに手を出し、あらゆることを正しく行い、例外なく期限を守り、誰一人失望させず、自分が手掛けた一切で成功するということに過度にとらわれてしまったのです。私は常に張り詰めていました。長期休暇のような心から休める機会を除き（そんな機会も多くはなかったのですが）、落ち着いて平穏な生活を送ることも可能であるという事実を思い起こすことさえありませんでした。

私以外の人も、自信のなさや批判、心配、非難、怒り、絶望などが習慣化することで、不健全な常態に陥っているのかもしれません。もちろん問題なのは、あなたが不健全な常態に陥っていることに気付かなければ、対処しようともしないということです。習慣化したムードというものは、自己破壊的な生き方にまで発展し得るのです。

幸いにも対策はあります。重要なのは、あなた自身のダッシュボードを読み取り、適切に対応することによって、意識的かつ継続的に自分の感情に注意を払う努力をすることです。

不健全な常態に気付くためには、外からのヒントに敏感にならなければならない場合もあります。まるで自分の車のヘッドライトが切れていることを、他の車の運転手から指摘されて初めて気付くように。

私の場合は、家族や同僚、友人が指摘してくれたおかげで、「度を超えた熱意」が不健全な常態につながると気付くことができました。私はその「度を超えた熱意」が焦りや不安、いら立ちを引き起こすタイミングに気付くことができるように、取り組みを始めました。やがて、私の感度が高まるにつれ、これらの感情は大音量で警鐘を鳴らすようになり、私にとって無視できないものとなりました。そして警鐘が鳴ると、私は深呼吸をし、以下のように自分に言い聞かせる習慣を身に付けたのです。「また始まった！『度を超えた熱意』から逃れなければ。落ち着け。集中しろ。そして、人生をほんの少し気楽に捉えるのだ」。次第に、私が「度を超えた熱意」に陥る機会は大きく減少していきました。

私たちには皆、ムードの不調という最悪な状態から自分を救い出すダッシュボードが与えられています。しかし、そのダッシュボードを読み取らない限り、あなたの助けにはなりません。受け取るシグナル（それが内的なものか、外的なものかにかかわらず）に注意を払い、あなたの人間版ダッシュボードに表示される感情メーターを丁寧に観察してみましょう。

不健全な常態と人間関係

妻の両親が私たちの元をよく訪れていたころ、妻と私は両親が何度も言い争っていることに気付いていました。本当に取るに足らないことで反発し、さりげなく悪口を言ったり、嫌味を言ったりして、いつもお互いを悪者扱いしていました。彼らは絶えず「敵対的な」状態にいることに気付いておらず、それが不健全な常態となっていました。彼らは不健全な常態を認識していないか、さもなければ、自分たちの関係性が悪いとは思っていなかったのです。

このような行動パターンは、私の義理の両親に限ったことではありません。破滅的なムードをもたらす不健全な常態は長期的な人間関係によく現れます。カップルはお互いを当たり前の存在だと思い始め、感謝の言葉を伝え合うことをやめ、徐々に愛情を失っていくのです。

人生において、自分の感情に最も気を配るべきなのは親しい人間関係においてです。私たちが目を光らせ、また育むべき感情は愛情や称賛、寛容、公平さ、慈悲の心です。これらの感情を持続させることで、人間関係はうまく回っていきます。一方、自分の感情への観察をやめてしまうと不健全な常態が発生し、批判的になったり、あらを探したり、恨みつらみや悪意を持ったりする態度が根付きかねないのです。

ジョージ・プランスキー氏とその妻リンダは、ワシントン州を拠点とする組織や個人に対するカウンセリング業を営んでいます。特にカップルに対し、健全な人間関係を形成する上で核となる3つの要素――心、意識、考え――についてカウンセリングを施しています。この3つの要素は、その規定を手助けしたシドニー・バンクス氏によって、「あらゆる知性の源が『心』。私たちに自己の存在を気付かせてくれるのが『意識』。そして、自由な考え方を提供する存在として、私たちが暮らすこの世界の指針となるのが『考え』」と定義されています。そしてプランスキー氏は「意識というものは個々人に考えが思い浮かんだ時点で、その考えが現実であるかのように思わせる。そのため、個々の現実は個人的な考え方や物の見方を介して創造される」と説いています。この概念は、本書に記されているアイデアを哲学的に説明しています。

ジョージ・プランスキー氏がある夫婦のエピソードを話してくれました。その夫婦は自分たちの結婚生活から愛情がなくなりつつあることを感じ、宿泊施設のある静養所に4日間泊まりに来たそうです。ジョージは、彼らが言い争ったり、つかみ合ったり、お互いを悪く言ったりする習慣が不健全な常態になっていることを分かりやすく教えました。

この新たな発見により気持ちが高まったその夫婦は、愛情と希望に満ちた状態で静養所を後にしました。しかし、その1週間後、夫がパニックになってジョージに電話をかけ、こう言ったそうです。「ダメでした。先ほどけんかをしてしまいました。そして、そのことに私たちはとても動揺しています」

ジョージは答えます。「おめでとう！　今回、ようやく気付くことができましたね。あなたはけんかしたことを後悔しています。これこそ起こり得る中で最高のことなんですよ」。この夫婦の好ましくない行動パターンとそれに付随する感情が大音量の警鐘となり、彼らの不健全な常態は気付かざるを得ないものになったのです。この気付きこそ、ポジティブで持続的な変化に向けた、最も重要な第一歩なのです。

組織における不健全な常態

セン・ディレイニー社がクライアント企業に対する取り組みの中で目標としているの

は、ひらめきを与え、教育し、健全で高い成果を挙げる企業文化構築に向けたパートナーになることです。私たちがクライアントに対して企業文化に関する診断を行うと、ほとんどの場合、クライアントが望んでいるポジティブで、創造力にあふれ、生産性が高い状態になることを妨げている行動パターンと心構えが見つかります。こうした機能不全をはっきりと認識するためには、第三者の存在が必要です。なぜなら、しばらくの時を共に過ごした人同士は、慣れによる思考停止——不健全な常態につながる企業の典型——に陥るからです。

企業における不健全な常態は、経営陣による慎重な選択の結果として生じることもあります。

最も極端な例の一つがエンロン事件です。エンロン社はテキサス州ヒューストンに拠点を構えていた総合エネルギー会社で、1990年代には世界で最も創造力にあふれ、かつ型破りな——そして一見、収益性の高い——企業の一つとして、広く称賛されていました。米ビジネス誌『フォーチュン』の「アメリカで最も革新的な企業」に6年連続で選ばれるなど前代未聞の記録を打ち立てました。

こうした目覚ましい成功続きのさなか、エンロン社の経営陣が私とのミーティングを求めてきました。さらなる成功につながる企業文化の育成に向け、セン・ディレイニー社の助けを借りるかどうかを検討するためです。セン・ディレイニー社のチームは、エンロン社の企業文化が完全に過度な自己利益追求型になっていると気付きます。私たちはエンロン社の経営陣にそのことを指摘し、さらには、このような事業への取り組み方は長期的に重大な危険を招き、最終的には破綻すると警告したのです。しかし彼らは、すでに手にしていたもの——すなわち、自己中心的で、社内競争が激しく、利益第一主義が充満した、極めて高い成果を求める企業文化——を一段と高めていくという方針を貫きました。

セン・ディレイニー社はコンサルティング契約を辞退しました。その数年後の2001年末、史上最大となる巨額な企業不正が明るみに出る中で、エンロン社は倒産しました。その後の供述により、エンロン社は四半期決算での増益基調を維持するために、公平性や倫理観の限界を押し上げ、超えてしまったことが明らかになっています。エンロン社全体に広がっていた不健全な常態に基づく行動パターンにより、エンロン社内のごく一部の関係者は何が起こっているのかを理解しながらも、それを指示し続けたため、社会から追放されることになったのです。

エンロン社の事例は確かに極端ですが、協調なき過度な自己利益の追求は、おそらく機能不全を起こす組織に最もよく見られる傾向です。この傾向は、セン・ディレイニー社が「地域ベル電話会社」（米通信最大手AT&Tの会社分割により誕生）の企業文化改革に着手して間もない段階でも見られました。「地域ベル電話会社」のうち、初めて私たちのクライアントとなったのが、米東海岸の州を担当する電話会社を束ねていたベル・アトランティック社でした。同社のレイ・スミスCEOは東海岸の州における独占企業から、協調的なグローバル企業へと急速に成長する必要があると感じ、そのサポートをセン・ディレイニー社に求めてきたのです。

私たちは、ベル・アトランティック社の従業員の話を聞き、挑戦しがいのある仕事だと思いました。彼らは、ある州の電話会社が地元の規制当局との価格交渉に失敗し、たとえベル・アトランティック社全体の利益が減少したとしても、他の州の電話会社の従業員はその失敗を喜ぶというようなことがよくあると明かしてくれました。「別の州の電話会社が損をすれば、私たちの方が相対的によく見えるから！」というのです。同じ組織内のメンバー同士における友好的なライバル意識は、仕事に対する懸命さや創造性を高めることがあります。しかし、ライバル意識が原因で同僚やパートナー企業の不運を喜ぶようになったときは、企業文化が大きく間違った方向に向かっていることを示しているのです。

機能不全に陥っている組織において、非常によく見られるもう一つの習性が「責任のなすり付け合い」です。スポーツやゲームの影響もあり、私たちは子どものころから「一方が勝てば、もう一方は負ける」と教わってきました。このような認識が企業や家族、カップルにおいては「一方が正しければ、もう一方は間違っている」という形で現れるのです。これが無意識の習慣として身に付いてしまうと、組織は低迷し、結婚生活は終わりを迎えかねません。

セン・ディレイニー社が企業文化構築モデルの開発に着手したころ、私たちの小売企業担当コンサルティング部門はデトロイトのＪＬハドソンデパート（その後、小売大手デイトン・ハドソン社と合併。現在は一部店舗がメイシーズとなっている）向けのプロジェクトを手掛けていました。その中の課題の一つが、悲惨な業務状態だったウォーレン流通センターを改善することでした。このウォーレン流通センターでは、商品をメーカーから受け取り、検品し、ラベルを貼り、仕分けして、店舗に出荷する業務を行っていました。

ウォーレン流通センターの業務内容に対し、徹底的な調査を行いましたが、センターの設計や設備、システム、工程などに問題は見つかりませんでした。しかし、従業員から話を聞くと、責任感のなさにおいて、ほぼ末期状態であることが分かったのです。従業員は皆、「問題がある」と口を揃えましたが、その原因については他の誰かに求めました。ラベル担当者は検品担当者を、検品担当者は仕入れ担当者を、仕入れ担当者はメーカーを、メーカーはラベル担当者を責めるという具合です。

私たちは、流通部門に対してリーダーシップセミナーを行い、責任をなすり付け合う考え方を可視化させた上で、責任感のある考え方へと変化させました。これにより、時間の経過とともに全体的な業務が改善していく道筋が開けました。業務状態が最悪だったウォーレン流通センターは、最終的にはデイトン・ハドソングループ内で最高の成果を挙げるまでになったのです。

警告サインにご用心

機能不全に陥っている行動パターンや心構えが不健全な常態になるタイミングは、どのようにすれば把握できるのでしょうか？　それは、自分の感情を指針として用い、自分のムードエレベーターと照合することです。ただ、すでに不健全な常態に陥っていたとしたら、自分の感情を把握することすら難しいでしょう。その場合に備えて、ムードエレベーターの下層階で示されている感情をもう一度、学び直す必要があります。あなたが不健全な常態に陥った際に抱えるかもしれない感情を認識しているかを、確認してみましょう。

・焦り
・悲観
・いら立ち
・怒り
・不安
・心配
・度を超えた熱意
・批判的な態度

・自信喪失
・自分に価値がないという思い込み
・欠乏感
・正しくあるべきという思い
・理屈っぽさ
・自己中心的
・絶縁
・非難や言い訳
・過ちを認めない姿勢

以上のような状態になったとき、自分の感情に意識を向けてみましょう。また、そのような状態になっていることを知らせてくれる外からのヒントに注意深く耳を傾けてください。あなたがこうした感情に基づく行動パターンや心構えをしていると、友人や同僚、家族がほのめかしてきたら、拒絶せず、真剣に受け止めてください。彼らは、あなたがこれまで見過ごしてきた、人間版ダッシュボード上で点滅している警告ランプを、あなたに伝えようとしているのです。

あなたが生活の中で不健全な行動パターンに気付いたとき、その行動パターンに伴う感情を把握し、対処する方法を学ぶことは非常に有益です。次の章ではその方法について探っていきましょう。

第5章

ムードエレベーターのブレーキ機能——好奇心が持つ力

人が持つ最高の知恵は、判断を下さずに自己を観察することだ。

——ジッドゥ・クリシュナムルティ

本書では、ムードエレベーターという比喩的表現を用い、感情がどのようにアップダウンするかについて説明しています。しかし言うまでもなく、数え切れないほどの本物のエレベーターが、世界中で日々利用されています。専門家によると、1年間のエレベーターによる延べ移動回数は米国だけで180億回を超えるそうです。にもかかわらず「エレベーターが落下した」という話を一度も聞かないのはなぜでしょうか？　そんな話はホラー映画か悪夢の中でしか起こりません。なぜなら、現代のエレベーターは全て、安全に作られ、点検されている上、たとえケーブルが切れたとしても落下を防ぐ自動ブレーキ装置を備えているからです。この精巧なシステム（1852年にエリシャ・

オーチスにより発明）のおかげで、エレベーターは階段よりも実際ははるかに安全なのです。

同じように、ムードエレベーターに対してもブレーキ装置を働かせることができます。人は生まれつき、感情の状態が極端かつ急速に落下することを防ぐ自動システムを備えているのです。そしてあなたは、そのシステムを活用するかどうかを選択することができます。

19ページのムードエレベーターの階層図を見てください。あなたならムードエレベーターの上層階と下層階を分ける線をどこに引くでしょうか？

その境界線となるのは、「好奇心があり興味を持っている」の階層です。この階層は図のちょうど中央に位置し、あなたが下層階のムードに落ちる手前でブレーキをかける理想的な階層として機能します。人生を豊かな好奇心と共に過ごすことが、下層階への降下を防ぐ卓越した方法となるのです。好奇心がどのように機能するのかを見ていきましょう。

例えば、ムードエレベーターが最下層に急降下しかねない出来事——食い違う意見を言われたり、理解し難い行動を取られたりしたなど——が起きたとき、あなたは自らの選択により、いら立ったり、動揺したり、批判的になったりすることが可能です。「何てばかなことをしてくれたんだ！　私の一日が台無しじゃないか！　彼らは私をいら立たせようとしているとしか思えない！」などと考えることもできるでしょう。あなたは、ムードエレベーターを最下層へと引きずり込もうとする自分の感情に、すぐ気付くはずです。

一方で、「好奇心を持つ」という選択も可能です。例えば「彼らはなぜあんなことをしたのだろうか。あんなことをするなんて普通ではないし、驚くべきことだ。彼らがあんなことをするに至った理由を理解できたら面白いかもしれない」と考えることもできるのです。

人生があなたを戸惑わせる状況に追い込んだとき、怒ったり、絶望したり、過度な保身に走ったりすることは可能です。逆にその状況から学び取り、事態を把握した上で、対応するための創造的な方法を編み出すことにエネルギーを注ぐこともできるはずです。そのために必要となるのが好奇心です。最終的に得られる結果はさまざまですが、最初から好奇心をもって対応すれば、常に一歩先行くあなたになることができるでしょう。

感情的な衝動への抵抗

好奇心がなぜムードエレベーターのブレーキとして機能するのかを理解するために、次の文章を見てみましょう。どのような考えや感情があなたの中に生まれるでしょうか？

この　ぶしんょう　を　よだんひと　は　きうょみな　きちもに　なる。　１００にん　のうち　55にしんか　よなめい　が、　しれじならんい　ことに　わしたは　この　ぶしんょう　を　よんで　じさっい　に　りかい　できた。　ひとは　おべくろどき　のりょうく　を　もていっる。　ケブンッリジ　だがいく　の　ちょうさ　にるよと、　ひことと　の　もじの　なびらが　もだんい　なでのは　なく、ゆいいつ　じうよゅう　なのは　さしいょ　と　さいご　の　もじが　あているっか　だいとう。　ほかの　ぶぶん　は　めくちちゃゃ　でも　かわまず、　ひとはもだんい　なく　よこむと　が　できる　とうのいだ。　ななぜら　にげんん　はすてべの　もじを　いじずちつ　よむ　のなではく、　こばとを　ぜたいてんき

に　とえらて　よでいんる　からだ。

一見、確かにおかしな文章に見えます。あなたには、この文章が読めましたか？　もし読めたのなら、意味を理解できましたか？

それもさることながら、あなたはどのような考えや感情を抱いたでしょうか？　ごちゃごちゃになった文字を見て、困惑し、いら立ちましたか？　すぐに読むことを諦めましたか？　それとも「なんてくだらないんだ！　こんなばかげたことから何を理解しろというんだ？」「こんなことは時間の無駄遣いだ」などと思ったでしょうか？

あなたがそのように感じたとしても、それはごく一般的な反応です。私たちの多くは、困惑したり動揺したりする出来事に対し、ムードエレベーターが急速かつ最も向かいやすい下層階の一つ、「批判的で人を非難している」へと降下してしまう傾向があります。

ここで、先ほどのおかしな文章をもう一度読み返してみましょう。最後の一文から読み始めると、理解しやすいかもしれません。時間をかけて文章全体を眺めると同時に、一つの文章をゆっくりと目で追います。徐々に言葉がつながっていき、書いてある内容を少しずつ理解できるようになるでしょう。

もし理解できなければ、文字を正しい位置に直した同じ文章を見てください。

このぶんしょう　を　よんだひと　は　きみょうな　きもちに　なる。100にん　のうち　55にんしか　よめない　が、しんじられない　ことに　わたしは　この　ぶんしょう　を　よんで　じっさい　に　りかい　できた。ひとは　おどろくべき　のうりょく　を　もっている。ケンブリッジ　だいがく　の　ちょうさ　によると、ひとこと　の　もじの　ならびが　もんだい　なのでは　なく、ゆいいつ　じゅうよう　なのは　さいしょ　と　さいご　の　もじが　あっているか　だという。ほかの　ぶぶん　は　めちゃくちゃ　でも　かまわず、ひとは　もんだい　なく　よむこと　が　できる　というのだ。なぜなら　にんげんは　すべての　もじを　いちじずつ　よむ　のではなく、ことばを　ぜんたいてきに　とらえて　よんでいる　からだ。

この例は、心の仕組みに関する科学的な調査に基づくものです。私たちがおかしなつづりの単語を正しく理解する上で、好奇心などというものが重要とは思えないかもしれません。ただ、心理学的には好奇心によって興味を持つことが、おかしなことにも理解を示す私たちの能力の基になっています。「あなたがこの文章に対してどのように反応したのか」ということには重要な意味合いがあるのです。

もしあなたがいら立ちを感じたのなら、ムードエレベーターというものがどのような動きをするのかを如実に味わったことでしょう。私たちは、普段とは異なる、驚くような出来事によって予想の裏をかかれたり、予期できない困難に直面したりすると、抑制の利かない感情的な反応をしてしまう傾向にあります。そして即座に私たちを下層階へと導いてゆくのです。

その一方で、好奇心を持って対応した人もいるかもしれません。好奇心はさまざまな形で影響を及ぼしたでしょうが、例えば、文章を解き明かしたいという強い願望を抱いたり、読ませようとする目的に思いを巡らせたり、一つずつ言葉を解きほぐし、文章全体の意図がゆっくりと分かるにつれて、困惑しながらも面白味を感じたりしたことでしょう。

あなたがこのような反応を示したのであれば、素晴らしいことです！　あなたはムードエレベーターが下層階に向かわないように、好奇心がひと役買っているということを実感しました。同時に、好奇心はあなたにとって大いに有益な心構えになり、人生で遭遇する複雑で絡まり合った数々の問題のもつれをほぐすことにもつながるでしょう。

批判的になるという罠

多くの人は、さまざまな新しい経験に対して、即座に反応し「批判的で人を非難している」というムードエレベーターの階層に向かう傾向があります。

「批判的になること（judgmental）」と、日常で必要な行為である「判断すること（judgment）」とは、区別することが重要です。確かに私たちは皆、どのように振る舞うか、何を行い何を行わないか、どの業務やプロジェクトを始めるか、課題にどう取り組むかなどについて日々判断しています。しかし、「批判的になること」とは異なります。「批判的になること」とは、なじみのない、または取り組むことが難しい事象、アイデア、人に対し、時間をかけて学ぼうとせず、ましてや考えることもしないで、すぐに非難することにより性急な判断を下すことです。

人が批判的になりやすい理由はいくつかあります。

批判的になれば、なじみのないことを理解するという骨の折れる作業から私たちを解放してくれます。単純かつ浅はかな基準によってすぐに識別できるため、はるかに速く、楽なのです。ただし、その結果は大抵過ちを招き、結局役に立ちません。

また、批判的になることで、自分は「正しい」、他の人は「間違っている」という心地良い感覚が得られます。しかし、結局は誤解や衝突を引き起こし、喜びよりも苦しみをもたらすことが多いのです。

あるいは、批判的になれば、なじみがあり、心地良く感じられる信念や概念、世界観を持ち続けることが可能かもしれません。一方で、視野を広げる、新たな体験をする、知性を高めるなどという可能性を狭めてしまいます。

私たちは批判的になりやすい性質を持っているために、同僚や友人、家族などと、本当にくだらないことで激しい言い争いをしてしまいます。新しいことやこれまでと異なることに対し、何が正しいのか（あるいは、何を学べるのか）という視点ではなく、何が間違っているのかという視点で見てしまう人が非常に多いからです。生まれ持った好奇心を活用するよりも、性急な判断を下してしまう傾向は、多くの人間関係を悪化させる原因になります。これは、多くの組織において、本来なら発揮できるはずの機動力や創造力を失う主因となります。

実際にはあらゆる人が特定の状況において、批判的になる罠に陥りかねません。以下のような状況を想像してみてください。

・あなたが勤めている会社で、全ての業務を管理するために新しいソフトウェアシステムを導入すると発表された。システムの使い方を習得するには、2日間のトレーニングを受け、100ページのマニュアルを読まなければならない。
・夕食時、あなたの夫または妻が新たな観光地への旅行プランを提案してきたが、行き先があなたの好みとは全くかけ離れている。
・職場に新しい同僚が入ってきたが、経歴があなたとは大きく異なっている。その同僚はおそらく外国出身で、独自の経験とキャリアを築き上げてきたのだろう。そして、あなたはこう告げられる。「新たなパートナーを紹介します！」。
・家族（子どもや兄弟、親など）から人生の転機となる出来事について報告される。例えば、就職や転職、結婚、遠方への引っ越しなど。

・あなたが勤めている会社がライバル企業との合併を発表した。そのライバル企業は手法や価値観、企業文化が全く異なっている。しかも合併に伴う業務の担当者の一人としてあなたが選ばれた。

このような状況に対して、あなたは理性と感情の両面でどのように反応することになりそうか、思い描くことができるでしょうか？　これらの簡単な例を目にしただけで、不安やいら立ち、恐怖を感じたかもしれません。もしそうであれば、なぜ人が新たな挑戦に対して好奇心を持ち、受け入れ、学んでいこうとするのではなく、批判的な態度を取りがちなのかをあなたは理解できるはずです。

どんなに独創性にあふれ、創造力がある人であっても、受け入れる心を保てずに、性急な判断を下すという傾向の餌食になることはあります。マイクロソフト社のＣＥＯだったスティーブ・バルマー氏は、２００７年に新しいパソコン用ＯＳ「ビスタ」を誇らしげに紹介しています。バルマー氏は米大衆紙「ＵＳＡトゥデイ」のインタビューで、ライバル企業であるハイテク大手アップル社がほぼ同時期にリリースする新製品について質問されました。バルマー氏はアップル社の新製品について、ためらうことなく

全面的に批判したのです。「ｉＰｈｏｎｅ（アイフォーン）が大きくマーケットシェアを取ることはあり得ない。絶対に」（※4）

もちろん、バルマー氏はとんでもない間違いを犯していました。ビスタは失敗し、大きな痛手を被りました。その一方で、ｉＰｈｏｎｅは急速にスマートフォン市場を支配し、業界に革命を起こしただけではなく、アップル社に数十億ドルの利益をもたらしたのです。

バルマー氏が批判する道を選んだ理由は簡単に理解できます。彼は、ソフトウェア業界に数々の偉大な飛躍的進歩をもたらし、最も成功した世界最大手企業のＣＥＯでした。顧客が求めるものに関する彼の予測や見解が、どうしたら間違うというのでしょうか？　バルマー氏にとっては、キーパッドがない電話を欲しがる人など誰もいないことは明白だと思えたのです。まして、人々がそのような電話を使って、ネットサーフィンしたり、動画を編集したり、音楽を聴いたり、ゲームをしたりするなど思いもしませんでした。バルマー氏はｉＰｈｏｎｅが自身の世界観に全く適合しなかったため、好奇心や興味、探究心を持って調べることなく拒絶したのです。

バルマー氏が、自社最高のエンジニア、デザイナー、マーケティングの専門家を集めてテーブルを囲み、新たなｉＰｈｏｎｅ数台を与えて、以下のように質問していたら、もっと良い結果になったかもしれません。「この機器の何が新しくて、何が異なっているのか？　アップル社がキーパッドをなくすことを選んだのはなぜか？　このデザインは、どのような新しい可能性を生み出すだろうか？　通話やメール以外のｉＰｈｏｎｅの使い方についてどのように推測するか？　マイクロソフト社が提供可能で、ｉＰｈｏｎｅの戦略に対応した新たな製品やサービスはあるか？　ｉＰｈｏｎｅのコンセプトを取り入れた上で一段と改良するために、マイクロソフト社にできることはあるだろうか？」

このような質問に答えていたら、斬新で、革新的なたくさんの考えがマイクロソフト社で生まれていたかもしれません。また、アップル社に対する後れを取り戻すために、何年もの時間を費やす必要はなかったでしょう。

好奇心を選択しよう

好奇心を発動させて人生を眺めるかどうかを、あなたは選択することができます。人生があなたに向かって変化球を投げてきたら——予想できなかったり、分かりにくかったり、不快だったり、大きな混乱が生じたり、苦痛だったりする出来事が起こったら——あなたは、その直後に生じる感情的な衝動に素直に従い、批判的になり、ムードエレベーターの下層階へと向かっていくことも可能です。その一方、あなたは深呼吸をして、ネガティブで感情的な反応から一歩離れた上で、好奇心を持つという選択もできるのです。以下の質問を自分に投げかけてみましょう。

・この驚くべき、心をかき乱す出来事の裏にある根本的な原因は何だろう？
・非常に理解し難いこの行動パターンは、何が引き起こしているのか？
・この普段とは異なる出来事から、私は何を学べるのだろう？
・この一見ネガティブな出来事を、どうポジティブに解釈しようか？
・私が成長するために、または変わるためにどうすればいいのか？

センン・ディレイニー社の企業文化構築セミナーに参加しているクライアントから、「セミナーで得られる最も重要なポイントの一つとは何でしょうか?」と聞かれたとき、私はいつも次のように答えます。「批判することなく、好奇心に満ちた人生を送る道を選択することです。もしそれができたなら、より円満な人間関係を構築し、ストレスの少ない、一段と成功した人生を送ることができるでしょう」。

ムードエレベーターの「好奇心があり興味を持っている」という階層を、あなたの親友にしてください。頻繁に訪れ、この階層がもたらす素晴らしい恩恵を手にしてください。そうすれば最上階で過ごす時間がずっと多くなり、最下階で過ごす時間がずっと少なくなることを実感するでしょう。

※4　デービッド・リーバーマン「CEO Forum: Microsoft's Ballmer Having a 'Great Time'」、『USAトゥデイ』、2007年4月30日

第6章 パターン介入

子どものように新鮮な目を通じ、驚きとともに、まるで初めて見るかのようにあらゆる物事を眺めなさい。

――ジョゼフ・コーネル

考えは気持ちやムードを引き起こす非常に重要な役割を果たしています。そのため、考え方を変えることができれば、ムードを変えることができます。簡単なことではありませんが、時にはうまくいくテクニックが一つあります。それは「パターン介入」と呼ばれ、簡単に言えば一つの思考パターンを断ち切り、新しく切り替えるというものです。日々の生活におけるパターン介入とはどのようなものか、見ていきましょう。

昼間に起こったことが気になり、あなたのムードが落ち込んでいる場面を想像してみてください。それは職場での悩みだったり、人間関係のトラブルだったり、あなたが住んでいる地域での問題だったりするかもしれません。仮に、ある地域の貯水池が近くの工場から出た廃棄物で汚染されたかもしれないというニュースを最近になって知ったとします。

あなたはこのニュースが頭から離れないまま、その日を過ごすでしょう。朝食時にパートナーと話し合い、休憩時間には同僚との話題にも上ります。そして、車で職場から家に帰りながら、このニュースについて考えを巡らし、頭の中の映画を作り出すのです。

もし地元の貯水池が汚染されているとなったら、おそらく、ここ数年間そうだったのだろう。私と家族の健康にどう影響するのだろう？　家族の誰かが近い将来、がんになってしまうのか？　子どもたちの脳機能が低下しているかもしれない。そうなれば成績にも響くだろう。この話が広まれば、住んでいる街の不動産価格が下落することは確実だ。家が全く売れなくなるかもしれない！　財産のほとんどをこの家につぎ込んだのに……。今後何年間にもわたって私たちに影響を及ぼす大災害になりかねない。

家に到着するまで、あなたは極度のストレスと敵対心、そして絶望を味わいます。しかし家に入ると、電話が鳴ります。親友からです。それが分かっただけで、あなたは気が楽になります。そして親友の話は、さらに元気が出る内容でした。「ブロードウエー・ショーが来週、街に来ることを覚えているかい？　何とかチケット４枚を確保できたから、よければ君たち夫婦も一緒にと思って。先に夕食を取って、楽しい夜を過ごす。どうかな？」

あなたはその素晴らしい夜について、またパートナーがどれほど喜ぶかについて親友と語らいます。すると、あなたのムードはすぐに切り替わりました。なぜならあなたの考え方が変化したからです。その後、貯水池の方に考えを戻すと、違った視点で考えている自分自身に気付きます。

そういえば、貯水池が汚染されているという証拠はまだないな。新聞でどう報じられるか様子を見てみよう。しかも健康への影響については何も耳に入ってきていない。今のところ、家族の誰にも変な症状は出ていないな。このまま悪いことが起きなければいいけれど。それに、もし貯水池に問題があると分かったとしても取れる対策はある。ろ過装置を設置したり、ミネラルウオーターを使ったりすることができる。幸運なことに、この街にある医療機関で質の高い診療を受けることも可能だ。一歩ずつ着実にやっていこう。

この話で起きたことがパターン介入です。多くの場合、パターン介入は自ら引き起こすことが可能で、外部要因によって発生するのをおとなしく待つ必要はありません。パターン介入はさまざまな形を取る可能性があるため、自分の役に立つパターンを見つけ出す必要があります。

多種多様なパターン介入

夜の熟睡は誰もが実践できる健康的なパターン介入です。あなたもおそらく、睡眠が持つムードを変える力を経験したことがあるでしょう。長くつらい一日が終わり、威圧的な世の中やいら立ちを隠せない人々の中で、あなたが直面している問題の解決策は見当たらないでしょう。しかし、熟睡した後は、世の中が変わっていないにもかかわらず、あなたの取り囲む状況が改善されたように感じます。これは単純に、朝の考えが昨晩の考えと異なっているからです。

私にとっては、エクササイズが有効なパターン介入となります。起床時、疲れを感じ気分が落ち込んでいる場合がありますが、日課となっているランニングを終えるまでには大抵、活力がみなぎり、良いアイデアに満ちあふれ、世の中に向き合う準備が整っています。科学者たちは、ランニングによって自然な高揚感を生み出すエンドルフィンが分泌されるためと説明しますが、エクササイズにはそれ以上のものがあります。リズミカルなペース、聴いている音楽、流れていく自然の風景――このようなポジティブな刺激の組み合わせにより、心が澄みわたり、私を落ち着かせてくれるのです。医療の専門家や心理学者は、化学的・生理的要素が私たちの考え方やムードに強い影響を与えることを確認していますが、考えやムードを変化させる上で、エクササイズは素晴らしいパターン介入になり得るのです。

同様の効果を持つエクササイズは他にも数多くあります。深呼吸などの酸素の摂取はムードを大幅に改善します。それどころか、呼吸に集中するだけで、小さなパターン介入になり得ます。瞑想やお祈りに通じる呼吸法がエクササイズと同じように作用し、心を静め、あなたが陥るネガティブなパターンに介入することができるからです（心と体のつながりについては第9章でさらに深く掘り下げます。あなたが感情面や精神面で常にポジティブでいられるために、一人で実践できる他のテクニックを紹介していきます）。

ムードは人から人へ伝わりやすいものでもあります。研究によれば、ムードが下層階の状態にある人がグループやミーティングに参加した場合、そのグループ全体のムードも下降することが多いとされています。反対に、ムードが上層階の人を入れれば、そのムードが伝播する傾向にあるのです。

このムードが伝播する性質を意識的に活用することも可能です。私がクライアントとの仕事に向け、車で長時間移動をしているとき、たまに疲れを感じ、気が滅入ることがあります。そのようなときには妻に電話するのです。妻は私の一日の出来事について尋ね、子どもたちが起こした楽しいこと、面白いこと、心が躍るようなことを教えてくれます。話す時間が長ければ長いほど、私の気分は一段と高まります。妻は大抵、私が一番必要としているときほどポジティブなムードを与えてくれるため、私にとってのパターン介入になるのです。

もちろん、あなたの人生に対して、全ての人がこのようにポジティブな役割を果たせるわけではありません。人を区別すること、とりわけ柔軟性に欠けるやり方での区別は良くないですが、私の人生には、エネルギーをもたらしてくれる人もいれば、奪っていく人もいます。精神的に高揚したいときには、私がムードエレベーターでたどり着きたい階層にすでに到達しているような人に連絡することにしています。あなたの人生においても、あなたの気持ちを高めてくれる人々と過ごすことが、パターン介入――すなわち自動的なムード引き上げ機――になり得るのです。

同様に、常に私の気持ちを沈ませるような人と過ごす時間は最小限にしようと努めています（もちろん、そのような人を常に避けることはできませんが）。下層階で過ごすことが多いような人と交流しなければならないときは、私が供給役となり、少しでも彼らに不足しているように見えるポジティブなエネルギーをもたらしたいと思っています。

可能な限り考え方やムードにポジティブな影響を与えてくれる人に取り囲まれるようにすることは、人生における素晴らしい戦略です。セン・ディレイニー社が人を雇う際に重視しているのが、ポジティブな影響を与える資質を持っているかどうかです。あなたが世界中のオフィスにいるセン・ディレイニー社のコンサルタントや社員に会う機会があれば、彼らが放つポジティブなエネルギーをすぐに感じることができるでしょう。

　ムードを操る上で独り言も有効です。私は自分の心配性を打破するためのパターン介入として、独り言を活用してきました。先にも述べましたが、私は心配性が生み出す感情と考えが、頭の中で堂々巡りすること（私は「心の渦」と呼んでいます）で現れる不安を認識しています。そのため今では、考えが堂々巡りとなり、非生産的で暗いムードが広がり始めると、すぐに気軽な感じで「また始まった！」と独り言をつぶやくようにしています。

　あなたが感情に気付き、その感情への対処法を穏やかに思い出させてくれる手段を持つだけで、ネガティブなムードに支配される前に、それを抑制することができます。

　子どもでさえ、自分の考えを切り替えるパターン介入の使い方を学ぶことができます。私たちのティーンエージャーの息子ローガンは怒ったり、悩んだり、ストレスを感じたりすると、私と妻に「一人にさせて」と伝えてきます。ローガンのムードが下降気味の状態のときに話そうとしても有益ではないことが分かりました。

　その代わり、ローガンはムードが下降気味の状態に対処するために、独自の手法を考案しました。自分の部屋に入り、ドアを閉め、心から楽しめる活動――下層階の考え方から気をそらし、没頭できること――を行うのです。それは、お気に入りの番組を見ることかもしれませんし、最大限の集中力が必要なコンピューターゲームをすることかもしれません。その後、ローガンが部屋から出てくると、私たちが知っている、愛情深く陽気な息子に戻っているのです。

ローガンと同様の手法を開発した子どもはたくさんいます。大きな違いは、ローガンはその手法を意識して用い、意図的に実践している点です。私になぜそれが分かるかといえば、以前、ローガンが日曜学校で他の子どもたちに自分の手法を説明しているのを聞いたことがあるからです。ローガンは「僕があんなふうにすごくイライラするときは、本当の自分じゃなくなるんだ。本気で言うつもりじゃなかったことを口にしちゃうから、誰かのそばにいたくないんだよ。自分らしさが戻ったと思ったら、また出ていって家族と一緒に過ごすんだ」と言っていたのです。

ローガンのパターン介入はコンピューターゲームです。あなたの場合はゴルフのラウンドやお気に入りの曲、ヨガ、最愛のペットと過ごすひととき、大好きな家族とのおしゃべりかもしれません。あなたにとって有効な手法を見つけられるまでいろいろ試してみてください。そして、あなたが必要だと感じたときはすぐ、あなたの道具箱からそれを取り出すのです。

高次元の目標を意識するというパターン介入

考え方や気持ちのネガティブなパターンに介入する強力な手法の一つが、高次元の目標に意識を向けるという方法です。あなたの考えが心配や恐れ、自身のなさ、敵対心などに集中している場合は特に、あなた自身に関して考えることをやめ、周囲の人やその人が必要としているものに考えをシフトさせてみましょう。そうすればあなたのムードエレベーターは上層階へ急上昇し、ハイレベルな考え方が可能となり、より深い安らぎと楽観的な感覚を得ることができるのです。

あなたの高次元の目標は崇高なものである必要はありません。ただ、あなた個人にとどまらないもの――世界にポジティブな変化をもたらすもの――である必要があります。いくつかの簡単な例を見てみましょう。

・困っている友人の話を聞き、評価や批判をせずに支え、励ましの言葉をかける。
・時間やお金を価値のある目標にささげる。
・物質よりも精神面を重視する人生を送ることを誓い、日々の行動で示していく。
・子どもたちのチームを指導する。チームの保護者としての役割を果たす。青年グループの指導を助ける。
・指導やアドバイス、支援を必要としている若者の相談相手となる。
・社会的意義などを広めるために行われるチャリティーランやチャリティーウォークに参加する。
・思いやりのある親になる。子どもを愛し、ポジティブな価値観を教える。
・地元の炊き出しやホームレスの保護施設、緊急時のホットラインなど、地域社会への奉仕活動を行う。

私たちが自分自身ではなく、人のために何かをするときはいつも、自分のムードが変化し、気持ちが高揚します。そして上階層で過ごす時間が増えることで、目的意識が高まり、創造力に満ちあふれ、ポジティブになれるのです。最終的には周りの世界により一層貢献できるようになるでしょう。自分で自分を高めるという素晴らしいサイクルが生まれるのです。

ムードエレベーターが微動だにしない場合

これまで示してきたように、実行可能なパターン介入の方法は無限に存在します。散歩をしたり、トレーニングをしたり、音楽を聴いたり、友人や子どもの手助けをしたり、本を読んだり、慈善的なボランティアをしたり、シャワーを浴びたり、湯船に浸かったり、マッサージを受けたり、昼寝をしたり、じっと夕日を眺めたり――こうしたパターン介入のいずれを選択するにせよ、ハイレベルな考え方に変化させることが可能です。やるべきことは、あなたにとって最も効果を発揮する方法を見つけるまで、試行錯誤することです。

しかし、残念ながら、あなたが最も楽しみを感じるパターン介入でさえ、効果を発揮できないこともあります。そうなると次のような疑問が生じるでしょう。「下層階のムードから抜け出すのがなぜこんなにも難しいのだろう？　本当に行き詰ったときには、何ができるだろうか？」

その根本的な問題は、自分の考えがその都度、道理にかなっているように見えてしまうことです。たとえ考えが道理にかなっていなくてもそう見えてしまう場合があるのです。例えば、自分の感情を強く認識してしまうことにより、道理にかなわない考えが「本物」であるかのように感じられ、説得力を持ち始めるケースです。また、下層階のムードと私たちが直面している実際の問題とは関連していることが多いため、余計に自分のムードが正当化されていると感じ、自分には思い通りに物事を捉える「権利」があると誤解してしまうこともあります。ムードエレベーターのアップダウンは人生において避けることができません。私たちのムードは時に下降しますが、大抵ははっきりとした理由がないのです。

そのため、あなたが好ましいと思えるパターン介入があなたの感じ方に影響を及ぼさない場合は、下層階のムードを悪天候ぐらいに考えて、抵抗せずに、人間のあるがままに身を委ねることが一番です。空に垂れ込める暗雲のように、下層階のムードはやがて過ぎ去り、気が楽になることを知ってください。下層階のムードは遅かれ早かれいずれ訪れてしまうものです。このことに気付けば、下層階のムードを大局的な視点で捉えた上で切り抜けることができるため、自分や周りの人へのダメージを最小限に食い止められるのです。

ほとんどの場合、私たちに悪影響を及ぼすのは、何とかして切り抜けなければならない下層階のムードそれ自体というよりも、そうしたムードに過剰反応してしまうという重大な過ちの方なのです。

第7章 あなたが好む考え方に「餌」を与えよ

私たちは、一日中考えているものになる。

——ラルフ・ワルド・エマーソン

チェロキー族〔アメリカ先住民の一部族〕には、誰もが心の中に抱える葛藤について説明した古い言い伝えがあります。その言い伝えの中で、長老は孫と人生に関する会話を交わしています。

「わが子孫よ」。長老が諭します。「われわれ一人一人の心の内には2匹のオオカミによる争いがある。1匹のオオカミは悪だ。それは怒り、羨《うらや》み、嫉妬、悲嘆、後悔、心配、強欲、傲慢《ごうまん》、自己憐憫《れんびん》、後ろめたさ、恨み、偽り、虚栄、慢心である。もう1匹のオオカミは善。それは喜び、平和、愛、希望、安らぎ、分別、謙虚、思いやり、博愛、共感、寛容、嘘偽りのない心、慈悲、そして信頼だ」
孫は少し考えてから尋ねました。「どちらのオオカミが勝つのですか？」
長老は簡潔に答えます。「お前が餌を与えた方だよ」

私たちには皆、考えがあり、その考えがムードエレベーターの最上階から最下階まで、あらゆる階層に私たちを運んでいきます。人生を最大限に味わうために、私たちには「考える」という贈り物と、それに伴う感情とを授かっているのです。問題は、「どのような考えに『餌』を与えるのか？　また、結果的にどのような考えに支配されるのか？」ということです。

私たちがムードエレベーターの特定の階層を訪れても、ほんの一瞬で立ち去ることがあります。それは人間の本質から見てごく自然なことです。しかし、またあるときには、私たちは長期にわたって特定の階層に居座ることを選択します。このような選択は、少なくともそれが下層階である場合においては有益ではありません。

ネガティブな考えに「餌」を与えること

第2章で取り上げたデボラを思い出してください。デボラはセン・ディレイニー社に入社したてのコンサルタントで、彼女の地元にある公益企業のCEOとの商談に同行してもらいました。この商談はデボラを不安にさせました。これは一般的な反応で、理解できることです。しかし、彼女はその不安を一段と発展させ、「商談が大惨事になり、仕事を失い、息子は大学に行くことができず、家族は家を失う」という脚本を頭の中で作り出しました。この下層階における考えと、それに付随するストレスや恐れ、絶望という感情が商談までの数日間において彼女の人生を支配したのです。

実際、その商談がどのような結果になったのかは覚えていると思います。彼女の心配をよそに、商談はうまくいき、デボラはその商談以外にも地元のコンサルティング業務を複数獲得したのです。彼女の心配は何の意味もありませんでした。

デボラのエピソードは、「考え」が及ぼす影響力の大小は私たちの選択によって決まることを示しています。例えば不安につながる考えは、私たちの眼前で瞬間的に舞う木の葉のように頭をよぎるときもあれば、自分たちで「餌」を与え、育み、脚色することもできます。極端な例ですが、私たちはその考えを「さまざまな特殊効果を導入した、悲惨な結末を迎える長編ホラー映画」にすることも可能なのです。

不安自体が悪いわけではありません。適切に対処することにより、不安は重要な役割を担うことがあります。将来に関する合理的な不安、すなわち物事がうまくいかないかもしれないという考えは、私たちに潜在的な危険を知らしめた上で、それを回避するための措置を講じ、その危険が実際に起こった場合に備えた緊急時の対応策を持つよう促してくれます。不安によって、あなたが本当に自分の生活環境を改善する具体的な行動に移すようになるならば、不安は有益な友人であり、協力者となります。しかし、不安があなたの頭の中を巡ってしまう長旅のきっかけになり、ポジティブな行動につながらないときは、破壊をもたらします。この場合の不安はネガティブなエネルギーであり、決して「餌」を与えてはならないのです。

私は以前、生活の質に大きな影響をもたらすほどの心配性でした。不安な気持ちを脚色し、ネガティブな考えに「餌」を与え、起こり得る以上のことを考える達人だったのです。しかし、変わるための鍵は、思考パターンが行き過ぎてしまう前に気付き、思考パターンを遮断することだと悟りました。不安が頭の中の映画の脚本になりそうなとき、不安が私の考えの大部分を占めているとき、また、私の心が長期にわたって沈んでいるときを認識することを学んだのです。そして、大抵は「その方向に向かってはいけない」などと自分自身に注意喚起を促してきました。このように、可能な限り適切な行動を取ったことにより、変化が生まれました。不安に「餌」を与えるのではなく、餓死させることを覚えたのです。

　心の中の邪悪なオオカミに変わり得る、ネガティブな考えがもたらす感情は、不安だけではありません。怒りも、多くの人が「餌」を与えがちな感情の一つです。私たちが怒るときは、怒ることが当然だと思いがちです。私たちは「私に起こったことは本当に不公平だ」と自分に言い聞かせたり、同情してくれる誰かに話したりします。そして「不公平に対する怒りは個人的なものではない。真っ当なものだ」と思うかもしれませんが、もちろん、それが個人的なものであることは言うまでもありません。他人が不公平な扱いに苦しんでいる場合、自分の場合と同じように感情的になる人はほとんどいないという事実が証明しています。人は自分自身が負った傷についてのみ感じ取るものなのです。

　実際、あなたは時々、不公平な扱いを受けてきたかもしれません。もしかすると、あなたにふさわしい昇進が見送られたり、昇給を約束されたにもかかわらず実現しなかったり、かつての友人に冷たくあしらわれたり、あるいは親族から侮辱や軽蔑を受けたりしたかもしれません。このような状況において憤りや怒りを感じることは当然かもしれません。まるで弁護士が陪審員に弁舌するかのように、あなたは自分の言い分を心の中で主張しているあなた自身に気付くでしょう。そしてまた弁護士のように、あなたは自分の主張に反する事象をできる限り抑え込むか、または無視する一方、主張をサポートするあらゆる事実と状況を強調するのです。自分が受けた不公平な扱いについて考えれば考えるほど、あなたの主張はさらに偏り、他の可能性や解釈が見えなくなっていきます。たき火が大きくなっているときに、さらに薪《まき》をくべ、炎に「餌」を与えるのです。皮肉なことに、このような一連の行為によって、感情的な満足感が得られることでしょう。

しかし、延々と怒り続けてもあなたの得になることはめったにありません。たとえ正当な理由があったとしても、です。ただ実際は、怒りに支配される可能性は高いといえます。あなたが怒りという感情に取り付かれれば取り付かれるほど、最終的には後悔する言動につながっていく場合が多いのです。

幸いなことに、あなたは選択することができます。あなたが誰かに対し、いら立ったり、嫌な思いをしたり、腹を立てたりしたときは、そのことについてあれやこれやと悩むのをやめ、代わりにすぐ忘れるように努め、手放すのです。

このような選択を行うのは必ずしも簡単ではありません。自尊心や利己心、自信のなさ、感受性の豊かさがあなたの苦痛を増幅させ、許すことが一段と難しくなります。しかしここで、好奇心——ムードエレベーターのブレーキ——が役に立ちます。あなたを苦しめている不公平について「説明がつかない」「許し難い」と思い込むのではなく、起こったことの原因を探してみるのです。次のように自分自身に質問してみてください。「何がこの人にこんな不公平な振る舞いをさせているのだろう?」「どのような考え、思い込み、信条、感情によって、このような振る舞いを適切だと思うに至ったのだろう?」。もしかすると、あなたの昇進を見送った上司は、あなたが昨年、どれほど組織に貢献したのかに気付いていなかったのかもしれません。あるいは、その上司は社長から別の人を昇進させるよう迫られていたのかもしれません。あなたを冷たくあしらった友人は、あなたの何げない一言に傷つき、思い悩んでいたのかもしれません。もしくは、その友人はあなたが全く知らない問題を抱えていたため、気持ちが動転していたり、絶望していたりしたのかもしれません。

自分たち自身の行動パターンが何かによって動かされているように、周囲の人たちも大抵は似たような何かに突き動かされています。違うのは、周囲の人たちが私たちとは異なる視点でその要因を捉えているという点です。偏った見方のように思えるかもしれませんが、周囲の人たちが各自の考えに基づいて物事を捉えていると理解すればするほど、私たちが抱くいら立ちを切り離し、手放すことがより簡単になるのです。

あなたは怒りの炎に「餌」を与えるのではなく、飢えさせなければなりません。「餌」によってあなたの考えは増幅していきます。怒りによる支配という呪縛を解くのが早ければ早いほど、あなた（とあなたの周囲の人たち）はより一層楽になるでしょう。

焦り、過度な保身、自信喪失、自己中心的批判的な傾向など、「餌」を与えたくなる他のネガティブな感情についても同様です。このようなムードがなかなか消えないときは、無理やり「パターン介入」を行ってください。運動したり、ムードエレベーターの上層階にいる友人と時間を過ごしたりすることで、心の葛藤に背を向け、自分を正当化する考えを断ち切るのです。

絶望の連鎖からの脱却

鬱《うつ》とは、私たちが創作し育んだ物語が継続することによって下層階の考え方に長期間とどまる状態を言います。多くの人にとって、鬱は脳内の化学物質の不均衡によって増幅されますが、医学的には治療可能であり、また治療されるべきものです。もしあなたが臨床的うつ病を患っている可能性がある場合は、あなた自身やあなたが愛する人々のためにも、熟練の専門家にアドバイスを求め、うつ病に対して、精神的、身体的側面からの対処を支援してもらうべきです。

これとは別に、鬱と混同されやすい「絶望状態」とは、単に人々が身に付けた考え方の癖であり、分かりやすい原因がある場合がほとんどです。このような考え方の癖は悲しみやストレス、苦痛を伴う状況――例えば、家族の死、金銭的な大損失、トラウマ（心的外傷）になりかねない破局――がきっかけになるかもしれません。しかし、いつまでも下層階のムードを維持するのは結局、私たちの考えであり、どう捉えるかなのです。

40年ほど前、私は人生においてこの種の絶望状態に陥ったことがありました。私の1

人目の妻は、私が初めて愛した女性でした。彼女は私が少年時代に日曜学校に通っていたころからの恋人で、大学生になってもデートを重ね、そして結婚しました。私は結婚生活が永遠に続くと思っていました。彼女が私の元を去ったとき、私は一時的に機能不全に陥りました。喪失感に加え、夫として明らかに失格だったこと、人生の夢が絶たれたことを思い悩み、絶望感を膨らませました。

しかし、私は信念と希望によって自分の考え方を少しずつ変化させていきました。転機を与えてくれたのは、賢くて信頼できる友人です。彼は私を座らせ、異なる考えを示し、その考えを重視するよう教えてくれました。彼は私にこう言ってくれたのです。

「今は分からないかもしれないけど、君には明るい未来がある。君は好感が持てる素晴らしい人だ。いつかまた誰かを愛し、誰かに愛される日が来る。そして君には君を愛する3人の息子がいる。君なら望むがままに息子たちとの関係を築けるはずだ。君の未来をつくり上げるありとあらゆる要素は君の手中にある」

この友人の言葉をじっくりかみ締めたとき、目の前に広がる人生の見通しがより明るくなっていくのが分かりました。絶望感に「餌」を与えるのではなく、将来の可能性についてより希望に満ちた考えを持ち始めたのです。私は息子たちと深い絆を結び、今日まで続いています。そして、最終的にはバーナデットと出会い、恋に落ち、彼女と共により豊かで充実した人生を築いてきたのです。

絶望から希望への変化は、私の考え方と精神状態の変化を経由して起こりました。このような変化を生み出すのは難しく、時間がかかることも多いのですが、確実に変化させることができます。もしあなたが絶望状態に関する同様の問題に苦しむ自分自身に気付いたとしたら、あなたの考えを変化させるチャンスを探してください。それは私と同じように友人との会話かもしれません。宗教的または霊的な体験かもしれません。家族と共に時を過ごしたり、仕事や生活環境を変えたりすることかもしれません。あるいは予想外の事件なのかもしれません。専門家によるカウンセリングが助けになるかもしれません。どのような形であれ、あなたの考えが変わる可能性を感じたときには、そのチャンスを生かすようにしてください。それこそがあなたの探し求めていた、ムードエレベーターを上昇させるボタンなのかもしれないのです。

「餌」を与えるムードの選択

ムードエレベーターの下層階を思い出してください。下層階のうち、あなたにとって最もなじみのある階層はどこですか？　いつも長居してしまう階層はどこでしょうか？下層階のムードを育んでいる感情に対して、どのように「餌」を与えてしまいますか？

次の質問に答えてみてください。

・焦りやフラストレーションを感じさせる特定の出来事や人物が存在しますか？　もし存在するのであれば、そのような出来事や人物についてあれやこれやと考え込んだり、細かいことにこだわったり、いら立ちの炎をあおったりしている自分自身に気付くことはありませんか？
・いら立ちを覚えたり悩みを抱えたりすることがよくありますか？　もしあるのなら、そのことについて家族や友人に愚痴をこぼしたり、際限なく考え続けたりして、いら立ちや悩みの感情に「餌」を与えていませんか？
・心配性ですか？　もしそうなら、あなたが恐れを覚えるネガティブな出来事を脚色してしまう傾向はありませんか？　ネガティブな出来事を深刻に考え過ぎてしまい、そのリスクや影響を抑えることができる実用的かつ具体的な措置を見過ごしていませんか？

・自信が持てなかったり、過度な保身に走ったりすることが習慣化していませんか？もしそうなら、自分の強み、成功体験、功績を忘れる一方、自分の弱み、失敗、ミスを絶えず思い返したりして、自信喪失や過度な保身につながる感情に「餌」を与えていませんか？

・誰かに対して、または何かによって批判的になったり、非難したりしてしまう傾向がありますか？　もしそうなら、他の人もプレッシャーや何かの問題によって衝動を抑えることが難しくなっているかもしれないという点を見過ごしていませんか？あなたは他の人にされた嫌なこと全てを記録する自分自身に気付いたことはありませんか？　一方で、自分が犯した似たような問題のある行動に関しては軽視したり、見なかったことにしたりしているのではないですか？

次にムードエレベーターの上層階を見てみましょう。上層階の中で、あなたがより長い時間を過ごしたいと思う階層はどこでしょうか？　上層階のムードに導く扉を開いてくれる感情に「餌」を与えるためには、どのような手段を取ればいいのでしょうか？いくつか例を挙げてみましょう。

・より革新的で創造力にあふれる人になりたいですか？　もしなりたいのなら、あなたの考えを広げるように努力し、仕事でも私生活でも型にとらわれない独創的なコンセプトを受け入れるようにしましょう。ブレインストーミングを行ったり、空想したり、アイデアで遊んだりする時間を確保してください。あなたが思いついたアイデアに将来性を感じた場合は、そのアイデアを他の人に伝えてみましょう。

・より楽観的で希望に満ちている人になりたいですか？　もしなりたいのなら、将来について、ポジティブかつ明るい視点で考える時間を毎日確保しましょう。あなたが成し遂げたいことを思い描くのです。大きなこと（好条件の仕事を新たに見つける）でも小さなこと（クローゼットを整理する）でも構いません。そして、その実現に向け、具体的な一歩を踏み出しましょう。

・より人を認め称賛する人になりたいですか？　もしなりたいのなら、自分の人生において幸運だったこと、その幸運をもたらしてくれた人や出来事について考える時間を確保しましょう。そして感謝の気持ちを示してください。可能なら「パートナーや同僚、友人に『ありがとう』と伝える」といった直接的なやり方で、難しければ「あなたが信仰している神様に祈りを捧げる」「豊かな人生を過ごしていることを先祖に感謝する」などといった象徴的なやり方でも構いません。

・より寛大で思いやりのある人になりたいですか？　もしなりたいのであれば、寛大さと思いやりが求められる場面では常にそのように振る舞ってみることで、そうした点を強化してみましょう。銀行に並んだ列が進まなくなったときには、簡単な瞑想《めいそう》に時間を充ててみてください。同僚のケアレスミスに腹が立ったときには、きちんと仕事を行うより良い方法を実演すると申し出ましょう。

・より柔軟で適応力がある人になりたいですか？　もしなりたいのなら、毎日一つ新しいことをしたり、やり慣れたことを新しい方法で行ったりすることによって、柔軟さや適応力につながる感情に「餌」を与えてください。それは、家から職場に向かうときに別の道を試すという単純なものかもしれませんし、地元でのコミュニティーサービス企業の新設を支援するという意欲的なものかもしれません。

ムードエレベーターの旅路に影響をもたらすことも、コントロールすることもできずに、階層から階層へと転々とするような消極的な旅人になる必要はありません。あなたがどの階層で過ごしたいのかを意識的に決め、自分をその階層に向かわせる感情に「餌」を与えるよう策を講じるのです。

チェロキー族の長老の言葉を思い出してください。あなたが「餌」を与えたオオカミが勝つのです。

第8章　宥和的選択

もし人生の試練が、姿を変えた神の慈悲だとしたら……。

――ローラ・ストーリー

たくさんの人が非常にはまりやすいムードエレベーターの下層階の一つが、「いら立ちを覚え悩みを抱えている」です。私たちがこの階層にいることに気付いたときには、起きていることや状況、周囲の人々をいつも非難しています。

「今朝の渋滞はいつも以上にひどかった」
「パートナーの癖にイライラする」
「仕事で適切な評価を受けていない」
「同僚が起こした問題を解決するために、半日もデスクワークに費やさなければならない」
「今月に入って家の有線放送が2回も壊れた」

もちろん、人生は決して望み通りにうまくいくものではないと皆が分かっています。興味深い点は、同じ状況でも、ある人はすぐにいら立ち、思い悩む一方、別の人は軽く受け流し、忘れてしまうということです。ムードエレベーターから降り、「いら立ちを覚え悩みを抱えている」階層に何時間も、または何日間もとどまるような人がいる一方で、時にはこの階層を訪れることがあっても、すぐにより高い別の階層に移動する人もいます。

リチャード・カールソン氏は、ベストセラー書籍『Don't Sweat the Small Stuff and It's All Small Stuff』(邦訳に『小さいことにくよくよするな!―しょせん、すべては小さなこと』)において、このトピックを取り上げています。同著は評判が高く、こうした違いが人生においてよく見られるということを示しています。

「小さいことにくよくよしない」人と、毎日のようにいら立ち、思い悩み、さらには怒っているように見える人との違いは何でしょうか? 状況によってすぐに動揺する人は、物事が思い通り進むこと――さらに、その過程があなたにとって望ましく、唯一のもので非常に明白であること――を強く望んでいます。このような人々は、人の立ち居振る舞いについて強い信念を持ち、自分が定めた「行動規範」の型にはめ、妥協しません。

このような特徴をあなたは称賛するかもしれません。困難な目標を掲げ、それにこだわることは、人生に対する立派な取り組み方ではないのでしょうか？

答えは「ノー」です。なぜなら、自ら掲げた行動規範に没入してしまうと、すぐに柔軟性を失ってしまうからです。あなたが意識しているかどうかにかかわらず、ささいなことにも大事なことと同様に自ら掲げた行動規範を押し付けてしまうと、多くの時間をムードエレベーターの「いら立ちを覚え悩みを抱えている」の階層で過ごしがちになります。最終的には人間関係を傷つけ、あなた自身を必要以上に不幸にし、生活環境の質が改善することも望めなくなります。

ささいなことは気にしない

下層階のムードで過ごす時間が少ない人々が取る心構えを、私は「宥和的選択」と呼んでいます。皆と同じように、彼らにも好き嫌いはあります。もし思い通りになったとしたら、理想的な日々を過ごし、晴天に恵まれ、仕事のトラブルはなく、幸せな家族生活を送り、テレビでは大好きな番組のみが放映されるでしょう。しかし、現実の世界においてそのような人生を送ることは不可能であることを彼らは理解しています。そして周りの環境が望み通り、または予想通りにならなくても、いら立ちを膨らませたり、長引かせたりすることはありません。その代わり、太陽にかかった雲が消え去るのを待つように、自身のネガティブな感情が過ぎ去るのを待ちます。そして、自分のエネルギーをよりポジティブな別の方向へと仕向けるのです。

・今日の道路は異常なほど混んでいる――「残念だ。でも午後の会議で行うプレゼンについて車中で考えることができる。もしかしたら、大事なコンセプトを説明する上で、もっと良いエピソードが思いつくかもしれない」。

・あなたは昨夜のパーティーに参加し、みんなの前で話をしているとき、パートナーから話が大げさだと指摘された。しかも、そう指摘されることがどんなに嫌なのかを伝えてあったにもかかわらず――「あぁ、何もそこまでばか正直になって指摘しなくてもいいのに。でも過度な飲酒や不誠実、身体的・精神的虐待などが連なる『最悪なパートナーの特徴リスト』では、『ばか正直さ』なんてはるか下のランクじゃないか。取るに足らないことだよ」。

・あなたは仕事で毎週のように飛行機に乗り、ホテルに滞在しなければならない――「こんなに飛び回る必要がなければ、どれだけ楽なことか。でも世の中に貢献し、やりがいのある仕事ができる代償と思えば大したことではない。それに、共に過ごす時間を大切にすることで、常に素晴らしい人間関係を築けることも私のためになっている」。

宥和的選択とは、「問題が何ひとつなく、あらゆることが素晴らしい！」などと能天気に生きることではありません。問題が起きたとき、取り得るポジティブな解決策を探し、その問題によって生じやすい不満や怒りの感情に溺れないということなのです。

また、宥和的選択は、道徳規範や行動規範を持たずに生きることでもありません。あなたの道徳規範や行動規範をいつ、どのように適用するかを選択するということなのです。「あなたが戦う場面を慎重に選びなさい」という格言が示す通りです。

あなたの人生において、本当に譲ることができない重要な問題がいくつかあると思います。このような問題とは、あなたのアイデンティティーや生命にかかわること、人生の指針となる倫理観などあなたの核心に迫る事柄です。もし友人や愛する人が、あなた自身を危険にさらす行動や、あなたの倫理観を逸脱する行動を求めたとしたら、断るべきです。もし職場の誰かが製品の品質や顧客サービスで手抜きをしたり、企業の倫理規定に違反する行動をしたりしていたら、あなたが止める必要があるかもしれません。ただ、日常生活における問題の中で、このように重大な状況に陥るケースはそれほど多くないでしょう。

詳しく調べてみると、日常生活の中で生じる不安のほとんどは「ささいなこと」であり、宥和的選択が適用できるはずです。冷静に物事を見る目を養い、あらゆる日常の場面をそのような目で捉えることを学べば、上手に生きていく高度な技術の一つとなります。

夕食をメキシコ料理にするか、それともイタリア料理にするか？――あなたはおそらく、どちらか一方を選ぶでしょうが、意見が分かれたとしても第三次世界大戦を勃発させる必要はありません。会社の新しいパンフレットのカバーデザインの中で、一番よく見えるのはどれだろうか？――あなたは断然デザインAがいいと思うかもしれませんが、同僚がデザインBを選んでも、あなたの生死にかかわる問題ではありません。また、その同僚があなたの意見を少しも気にかけない間抜けというわけでもありません。

バーナデットと私の関係は非常に平穏で、お互い愛し合っています。宥和的選択が、平穏な生活を可能にするのに大きな役割を果たしているのです。宥和的選択によって私たちは、結婚生活を悪化させる要因として上位に位置する口喧嘩――例えば、休暇中にどこに行くか、何の映画を見るか、夕食に誰を招くか、どの政治家を支持するか――を回避しています。確かに、こうした口喧嘩が大切である場合も多少はありますが、愛する家族との関係を維持することと比べれば、全てはささいなことだと考えられるのです。

ユーモアは柔軟性のなさに対抗するツール

ムードエレベーターの階層図の上層階に「ユーモアのセンスにあふれている」があることに気付いたでしょうか。宥和的選択は、人生の笑ってしまうような側面を楽しむことと深く関係しています。私たちは、固定概念に縛られ、柔軟性に欠け、高い要求を押し付けるといった傾向を優先すべきではなく、必要なのは、自分を取り巻く状況の中からユーモアを見つけ出す時間なのです。

飛行機旅行は、かつて必要とされていたものと比べてほんのわずかな時間とお金で世界中を旅することを可能にした現代の奇跡といえます。しかし、実際に旅行するとストレスが多く、フラストレーションを感じ、いら立ちを覚えることは皆が経験済みでしょう。そのため、米国史で最も成功している航空会社、サウスウエスト航空はユーモアをビジネス戦略の核として活用しています。

サウスウエスト航空は、不必要なサービスを省き、ファーストクラスを用意していない航空会社ですが、顧客満足度において何度も最高の評価を得ています。その秘訣は何か？　サウスウエスト航空は、陽気で人を楽しませることが好きな人を採用しているのです。フライトが悪天候や機械系統の問題に見舞われた場合、従業員はそれを悲劇ではなく喜劇にする方法を見つけ出し、人を常に元気づけています。

サウスウエスト航空の従業員によるユーモアを使った話の多くが、その後何年にもわたって伝わっています。着陸後に特にガタガタと揺れたときには、客室乗務員が次のような機内アナウンスをしました。「ただ今、かなり大きく揺れました。しかし私が今、皆さまにお伝えしたいのは、先ほどの揺れが航空会社のせいでも、パイロットのせいでも、客室乗務員のせいでもないということです。大きな揺れの原因は……それは、アスファルトにありました！」

別のフライトでは、滑走路で1時間の遅れが発生し、機長がその遅延について謝罪した後、以下のように約束しました。「皆さま、心配いりません。これより私たちはこの飛行機を飛ばします。盗んだつもりになって！」

また、悪天候によってさらに長時間の遅延が起こったとき、飛行機内にはしびれを切らし、いら立った乗客でひしめいていました。そんな中、客室乗務員はルーティンで行っている機内非常時の説明を中断し、次のように助けを求めたのです。「小さなお子さまをお連れのお客さま。こういう場合どうすればうまくいくのですか⁉」

乗客が、素晴らしいユーモアに関する話を集めるために問題が起こることを期待していたとまで言うつもりはありませんが、サウスウエスト航空の従業員が人生における小さないら立ちをほぐすために陽気な振る舞いをする達人であることは、乗客らが心から認める事実でしょう。しかも、これは意図的な企業戦略なのです。サウスウエスト航空の共同創立者、ハーバート・ケレハー氏は、人を雇う際の基準について、次のように述べています。「人生はあまりに短く、あまりにつらく、あまりに厳しいものであるため、ユーモアをあまり持つことができません。だからこそ私たちは深刻になり過ぎない、ユーモアのある人や振る舞いを求めています」（※5）

ムードエレベーターの上層階にとどまることによって、サウスウエスト航空の成功と収益性が高まる理由が二つあります。一つはロイヤルティー（忠誠心）の高い顧客を得られること、もう一つは従業員が最高の状態で働きやすくなることです。サウスウエスト航空は、従業員におけるチームワークと仲間意識によって、同業他社よりも迅速にサービスや荷物の積み下ろしを行い、はるかに高い定時運航率の維持につながっているのです。

あらゆる人がサウスウエスト航空の例から学ぶことができます。あなたが非常に多忙な日を迎え、山積みの課題に直面しているとき、険しい顔つきになることは可能です。その一方で、あなたは深呼吸をしてその課題を大局的に捉え、常軌を逸した状況の中にユーモアを見出すこともできるのです。もしあなたが時折発生する人生の不条理を一笑に付すことができたら、あなたの気持ちは高まり、知恵が満ちあふれる状態に到達できるでしょう。その結果、日々の課題に対し、より健全で生産性が高い手法で取り組むことができるのです。

自分の考えをより気楽に受け止める

あなたのムードエレベーターが下層階にあるときは、質の低い考え方にとらわれやすくなり、かつ、その考え方はほとんど信頼できるものではありません。逆説的ですが、私たちは自分の考えを最も疑うべきときに限って、その間違った考えを真面目に受け止めてしまいがちです。自分の考えをより気楽に受け止めること——特に下層階のムードのときに、思い込みに疑問を持ち、自分の考えを疑い、正反対のアイデアや反証を受け入れること——を学べば、あなたの人生の質が劇的に向上します。

自分の考えをより気楽に受け止める習慣を身に付けることにより、多くの恩恵があります。

・聞き上手になる。
・周囲の状況をより的確に理解するようになる。
・新しいアイデアをより受け入れやすくなる。
・重要な情報を適切なタイミングで思い出せるようになる。
・より広範な可能性と解決策を考えるようになる。
・問題への対応において創造力が高まる。
・より楽観的になり、希望を抱きやすくなる。
・ムードエレベーターをより上層の階で維持できる。

ただ、下層階での考えや感情から解放されることは、いつも簡単で、常に可能というわけではありません。

その打開策として、あなたの感情を指針として使う方法があります。焦りやいら立ち、不安、批判など下層階の感情があなたの中に生まれた場合、すぐに反応してはいけません。まずはひと呼吸置き、その感情をただ認識してください。そうすれば、無意識のままに反応するのではなく、それらの感情に対する反応の仕方を選ぶことができます。そして、その状況が強く反応した方がいいほど重要なのか、または宥和的選択によって、「ささいなこと」として捉えた方がふさわしいのかについて、意識的に決断するようにしましょう。

多くの場合において、宥和的選択を行った方がいいでしょう。しかし、特定の状況に対して断固たる対応が必要と判断した場合は、より効果的で思慮に富んだ方法を取ることができます。なぜなら、あなたはひと呼吸置き、無意識に反応せず、意識的に決断したからです。

私が宥和的選択や気楽な考え方の恩恵を思い出すのに用いる例え話があります。それは飛行機旅行の際の話です。多くの旅行者と同じように、私は到着時に預け入れた手荷物を待つ時間を省くため、機内に持ち込み可能なキャリーケースを使っています。大抵の場合はスムーズに機内の通路を通るのですが、他に比べ、通路が1～2インチ狭い飛行機もあります。その場合、私のキャリーケースが通路の両サイドの座席にぶつかってしまうため、他の乗客をいら立たせ、通路を進むことがさらに難しくなるのです。私が気にかけたり、急いでいたりすると、事態はさらに悪化します。早く進もうとすればするほど、キャリーケースが肘掛けに衝突した際の衝撃が大きくなり、さらに反対側の肘掛けにも激しくぶつかるのです。時にはキャリーケースが横倒しになり、引きずりながら通路を進むこともあります。通路の幅が数インチ違うだけで大きな違いがあるのです。

人生はこれに似ています。強硬的な選択や妥協を許さない行動規範、柔軟性に欠く考え方と共に生きることは、狭い通路を進もうとするようなものです。つまり、容易に避けることができる思考パターンや感情にぶつかり続けてしまうのです。それよりもむしろ、より柔軟で、開放的で、陽気な人でいることを意図的に選択することによって、あなたの通路をほんの少し広げてみてください。そうすれば、いら立ったり、悩みを抱えたり、批判的に感じたりする回数が大幅に減少し、人生をはるかに楽しむことができるでしょう。

※5　ケビン・フライバーグ『Nuts! Southwest Airline's Crazy Recipe for Business and Personal Success』、ダブルデイ社、1998年

第9章 セットポイントを動かす——健康の方程式

われわれの世代における最も偉大な発見は、心構えを変えれば人生が変わるということだ。

——ウィリアム・ジェームズ

ムードエレベーターの上層階で過ごす恩恵に疑う余地はありません。また幸いにも、大多数の人は生まれながらにして健全な心の状態にあるようですが、それはムードエレベーターの上層階にいるからです。そして、上層階が私たちの本拠地であり、そこにいられるかどうかは考え次第なのです。

医療の専門家によると、全ての人にはそれぞれ、体温の基準となる「セットポイント」があり、体温はこのセットポイントに向かって調整されます。通常は37・0度付近ですが、少し高かったり低かったりするかもしれません。同様に、体重のセットポイントを持つ人も多く、私たちは体重をセットポイント周辺で上下動させながら、維持しようとします。

同じく、私たちはムードエレベーターにもセットポイントを持っていることが多いのです。このセットポイントは、生活の中で二つの訓練を意図的に行うことにより、位置を動かすことができます。訓練の一つは、ある単純な行動パターンを直すことにより、習慣化している心の状態を調整することです。この訓練については、第10章で取り上げます。

もう一つの訓練は、自分自身の体をより大切にするということです。これは、やらなければならないと誰もが分かっていながら、不注意や多忙により、おろそかにしてしまいがちなことです。

調査によると、人は疲れ切ったときに、より風邪を引きやすいとされています。また、ムードもより悪くなりやすいのです。私たちは身体的に疲れ果てていると、他人の言葉に神経質になったり、物事を悪く受け取ったりしがちです。そして、寛大さや思いやりを失い、打ちのめされる頻度が高くなります。なぜなら、疲れたときは考え方の質が低下するため、備えているはずの聡明さや機知に富んだ状態が失われてしまうからです。効率が下がり、そのせいでますますストレスやプレッシャーを感じます。私たちは体が健康で休まっている方が、人生の対処がよりうまくなるのです。

対照的に、休息を取り体調が良い場合は、より早く立ち直ることができて、簡単にいら立ったり、悩みを抱えたりすることが減り、周囲の人や状況によって下層階行きのボタンが押されにくくなります。なぜなら、私たちの体の状態と心の状態に強い関連性があるからです。多くの人が十分な睡眠や休息が取れた週末や、リフレッシュした休暇の後に人生が好転したように感じるのは、これが理由です。

幸運にも、ムードエレベーターの下層階に向かいやすくなることを避け、より早く立ち直ることができるように、自分自身の体を大切にする具体的な方法があります。

「限界突破と回復」の重要性

体の健康を得る最良の方法の根幹を成すのは、心身共に「限界突破と回復」が必要であると理解することです。人はサイクルの中で生きるように設計されています。私たちが最高の状態で活動するために、人生のあらゆる場面において「限界突破と回復」というサイクルが必要なのです。

一流のアスリートは大抵、「限界突破と回復」のサイクルがどのように機能するかを理解しています。限界突破とは、精神面、感情面、身体面における能力を向上させるために、自己の限界を超えることを意味します。例えば、重量挙げの選手は体の一部に強力な負荷をかけ、筋肉を破壊します。その後、その体の一部を回復させ、成長させ、強くするために、翌日は休息を取るのです。

テニスの選手は、エネルギーの爆発的な発散と短時間の回復を交互に繰り返します。ほとんどの選手が激しい試合の合間に、ラケットのガットをいじったり、ボールを弾ませたりして回復の儀式を行っています。

私は数十年間にわたりランニングを続け、数年前にはトライアスロンを始めました。トライアスロンに向けた練習として関わったクロストレーニング（複数の運動を組み合わせるトレーニング）は、自然と「限界突破と回復」のサイクルを生み出します。ランニングをした翌日に自転車のロードレースや水泳を行うと、異なる筋肉を使うことになるため、前日に使った筋肉を休ませ、回復させることができるのです。

「限界突破と回復」の概念は、心の健康にも関係しています。「好奇心があり興味を持っている」「柔軟で適応力がある」「楽観的で希望に満ちている」「機知に富んでいる」「革新的で創造力にあふれている」など、ムードエレベーターの上層階は全て、私たちの限界突破を支える活動——公私に限らず、新しいことを学んだり、やりがいのある課題に取り組んだり、危険を承知でリスクを取ったりすること——と結び付いています。調査によると、このような活動により視野が広がり、脳細胞の増加を促し、晩年の精神的な衰えを回避することにつながるとみられています。瞑想《めいそう》による休息も脳機能に影響を与えています。

しかし、限界突破が可能なのは、私たちがエネルギーを使い果たすまでの限られた時間のみのことです。そのため私たちには心を回復させる手段が必要です。心の回復を促す手段には、睡眠や運動、そして自分の気持ちがリフレッシュする時間を過ごすことなどがあり、「感謝に満ちている」「人を認め称賛している」「寛大で思いやりがある」「ユーモアのセンスにあふれている」など上層階のムードとつながっています。

十分な睡眠を取る

人が持つ最も重要な回復メカニズムは、単純に十分な睡眠を取ることにあります。米国の作家で起業家のＥ・ジョセフ・コスマン氏は、「絶望と希望を結ぶ最高の架け橋は夜の熟睡である」と述べています。私たちは十分に休息した状態にあるとき、より力強く、能力が高まったように感じ、最も賢明な自分自身でいることが容易になります。

そのため、自然界には昼夜があり、人は数千年間にわたり、24時間周期で活動と睡眠とを本能的に繰り返し、人間社会を形成してきたのです。それにもかかわらず、インターネットがもたらした眠らない世界の中で、大多数の人々が睡眠不足に陥っています。

睡眠不足は、ただ不機嫌になるだけでなく、肥満、糖尿病、高血圧、脳卒中、心疾患など数々の病気に結び付きます。睡眠不足はまた、アルコール依存症や双極性障害など精神疾患とも密接な関係があり、実際にうつ状態に苦しむ人の90パーセントが睡眠障害を抱えていることが分かっています（※6）。

十分な睡眠は、学びやひらめき、意思決定にとっても重要です。

十分な睡眠を取れていない人は、問題を解いたり、パズルを完成させたり、試験を受けたりする際のパフォーマンスが低下します。ある調査では、知能指数（ＩＱ）と心の知能指数（ＥＱ）の両方を測るテストにおいて、睡眠不足の被験者の得点が低かったことが明らかになっています。この被験者は創造的かつ独創的な考えが浮かびづらくなると同時に、ストレスの多い状況に対処し、人と交渉する能力が低下したのです（※７）。

睡眠が私たちにもたらす恩恵について、全てが解明されたわけではありません。しかし、調査によっていくつかの手掛かりが得られています。睡眠は体と心に回復するための時間をもたらしています。脳が休息しているとき、特に急速眼球運動が見られない深い睡眠（ノンレム睡眠）のときは、脳波がアルファ波からデルタ波へと変わり、心身を癒やす効果と休息を得られます。被験者に対し、実験的に非常に長期にわたってノンレム睡眠を取らせなかった場合、その被験者は一時的な幻覚に襲われたり、妄想型統合失調症のような考えに陥ったりして、精神疾患に近い状態になります（※８）。

急速眼球運動が見られる睡眠（レム睡眠）は別の働きをしていますが、ノンレム睡眠と同様に重要な役割を果たしています。マサチューセッツ大学で心理学の教授をしているレベッカ・スペンサー氏によると、レム睡眠は「自分にとって最も重要だと感覚的に判断した物事を優先する」ために、脳の感情に関する領域を活性化させるそうです。また、レム睡眠中は、意識下／無意識下にかかわらず、日中に知覚したあらゆるイメージが処理され、整理されているとみられています。スペンサー氏は「レム睡眠は問題解決や意思決定に効果的である。なぜなら脳が断片的な情報をまとめたり、新たな可能性を探ったりしているからだ。起きているときでは得られないひらめきを得ることができる」と述べています（※9）。

「問題を一晩寝かせて考えると解決策が生まれやすい」とよくいわれますが、これが理由なのかもしれません。謎解きゲームを使った実験でも「問題を一晩寝かせる」ことの効果が示されています。この実験では、被験者を二つのグループに分け、一方のグループには夜に問題を与え、一晩寝た翌日の午前中に謎解きに挑戦してもらい、もう一方のグループには午前中に問題を与え、その日のうちに謎解きに挑戦してもらいました。その結果、謎を解けた被験者の数は前者が後者の2倍になったそうです（※10）。

セン・ディレイニー社でも、経営陣に対する企業文化構築セミナーにおいて、似たようなことが見受けられます。1日のみのセミナーでも価値を提供することは可能ですが、2日間のセミナーにおいて、2日目の午前中に振り返って話し合う機会がある方が、より大きな変化をもたらす場合が多いのです。

もしあなたが習慣的に睡眠不足となっている数百万人のうちの一人だとしたら、あなたの睡眠習慣を最優先で改善しましょう。一晩の睡眠時間を5〜6時間でよしとするのではなく、7〜8時間の睡眠時間を日常的に確保できるよう予定を再調整してください。必要なら、安らぎとくつろぎをより得られる睡眠環境に変えてください。寝室に遮光カーテンを取り付け、テレビやパソコンをなくし、防音対策を行い、快適な室温を保つのです。

休息や回復の時間が短すぎた後の18〜19時間よりも、熟睡後の16時間の方が、はるかに多くを成し遂げることができます。

エクササイズの力──「使わなければダメになる」という原則

エクササイズは、より健康に、より長く生きるためには欠かせない要素です。私がランニングに興味を持ったのは、数十年前にケネス・クーパー博士の著書『Aerobics』〔邦訳に『エアロビクス─新しい健康づくりのプログラム』〕を読んだときでした。クーパー氏は、有酸素運動と心血管の健康とにつながりがあるという見解を初めて世に広めた人でした。それまでは、ベッドで休んだり、座って生活したりすることが心疾患に対する一般的な対処法だったのです。クーパー氏が掲げた「使わなければダメになる」というモットーは、数百もの研究によって正当であると立証されています。体は使い古されるのではなく、使わずにいることでさびつくのです。

私も若いころはとても健康でした。高校ではバスケットボール選手、大学では体操選手、20代後半はバスケットボール選手としてアマチュアリーグに所属していました。その後、コンサルティング企業の設立や3人の子育てに忙しくなり、運動量が減り、結果的に体重が35ポンド（約15・8キロ）増えてしまったのです。

『Aerobics』は私に警鐘を鳴らしてくれました。この本には、クーパー氏が軍隊向けに作成した自己診断型の体力テストが掲載されており、そのテストは12分間で走れるだけ走った結果を年齢と性別で診断する、というシンプルなものでした。私は息が切れ、脇腹の痛みが発生するまで街の数区画を走ってテストを行いました。これにより、私は非常に不健康であることに気付き、定期的なランニングを始めたのです。

これは50年ほど前の話ですが、私はそれ以来、映画「フォレスト・ガンプ」の主人公のように、ランニングをやめたことはありません。数年前には膝を守るために、自転車のロードレースや水泳などを組み合わせたクロストレーニングを始めました。定期的なエクササイズと健康的な食事により、体重が減り、その状態を維持できるようになりました。

ダラスにあるクーパー・クリニックは、エクササイズと心疾患の関係性に関する重要な研究を続けています。このクリニックの研究員は、運動量がそれほど多くない人でも、デスクワークの人よりは心疾患の可能性が顕著に低下することを証明しました。

有酸素運動には、他にも強力なメリットがあります。イリノイ大学アーバナ・シャンペーン校で心理学の教授を務めるアーサー・F・クラマー氏は、簡単な有酸素運動（例えば速足での45分間のウォーキングを週3回）によって、記憶力が20パーセント向上することを発見しました。さらに劇的な例では、激しい運動を1年間行うと、70歳の人は30歳の人と同じ知的能力を得ることができ、記憶力が改善し、計画立案力が高まり、不確実な物事への対応力が増し、複数の作業を同時に行えるようになるそうです。クラマー氏は「健康のための運動は、多くの認知能力の基礎となる分子や細胞の構成要素を変化させると考えられる」と述べています（※11）。

もしあなたが、身体的、精神的、感情的な疲労に苦しみ、ムードエレベーターの下層階で過ごす日々が多過ぎるのであれば、日課として有酸素運動を取り入れてみてください。そのポジティブな成果に驚くかもしれません。

有酸素運動に加えて

私が合理的だと思うエクササイズは三つあります。一つ目が最も重要な有酸素運動です。有酸素運動には、心拍数を上げるほか、これまで述べてきたような恩恵があります。二つ目は、筋力トレーニングとして知られる無酸素運動です。こちらも活力と気力をもたらします。

筋力の強化、特に腹部、背部、骨盤周辺のインナーマッスルの強化は、これまで以上に満たされた人生を送るために非常に大きく貢献します。腹筋を鍛えれば、加齢によってお腹回りが太ることを防げるだけでなく、ムードエレベーターの下降につながりかねない腰のうずきや痛みを減らし、保護することもできます。

筋力トレーニングは基礎代謝を向上させるため、年を重ねたとしても体重を維持、または減少させることにも寄与します。骨密度が上昇するため、身体的な制約を大きく受けることなく、より激しい運動を行うことができます。さらに筋力トレーニングによる精神的な恩恵も確実に見られます。米医学誌『アーカイブス・オブ・インターナル・メディシン』に掲載された2001年の研究では、週に1~2回の筋力トレーニングを1年間続けるだけで、知的感覚が鋭くなり、認知能力が改善することが分かっています（※12）。

三つ目はストレッチです。ストレッチはおそらく最も軽んじられているエクササイズの一つです。私たちの関節や腱は加齢とともに固くなり、柔軟性が失われていきます。そのため、私たちは関節や腱にも「限界突破と回復」というサイクルを応用する必要があります。

私は定期的にストレッチを行っていますが、ストレッチをやめたらどうなるかを想像することがやる気につながっています。私の自宅近くにあるショッピングモールでは、高齢者の方が駐車場から自分の車をバックで発車させようとしているのを見かけるのですが、最大の難関となるのが、首が回り切らないため背後が見えないことです。その痛ましい将来像は、私が首や背中、ハムストリングの定期的なストレッチを行う動機を与えてくれます。ヨガを始めた私の友人は、ヨガが心のリフレッシュとなる上、体に必要なストレッチを行う素晴らしい方法だと話しています。

エクササイズの恩恵を得るために小さなことから今すぐ始める

エクササイズは、あなたの寿命を延ばし、病気を患う可能性を減らしてくれることに加え、心の健康を保ち、ムードエレベーターのセットポイントを上昇させることにおいて大きな役割を果たします。

これには、多くの生理学的な要因があります。エクササイズは血流を良くし、持久力を高めるため、簡単には疲れなくなります。またエクササイズによってエンドルフィン――ポジティブで活気あふれる感情を呼び起こし、麻薬のような作用を安全かつ合法的にもたらす化学物質――が生成されます。実際に、米医学誌『アメリカン・ジャーナル・オブ・サイキアトリー』に掲載された、エクササイズが及ぼす影響に関する100件以上の研究のメタ分析〔複数の研究結果をさまざまな論点からさらに統合・比較する分析手法〕では、「エクササイズは、心の健康や幸福感を増進させ、ストレスや不安を減らし、認知機能を高める」と結論付けています（※13）。

私は、これらが真実であるということを自分の生活の中で実感しています。早朝、仕事に行く前に少しでもランニングを行うと、士気が高まるだけでなく、晴れやかな気持ちになり、より新鮮な物の見方と共に1日を始めることができます。本書で取り上げているアイデアの多くは、私がランニングをしている間に思いつきました。このようなエクササイズによって引き起こされたひらめきがどこから来るのかは分かりませんが、ほとんどの場合、パソコンで仕事しているときよりもランニングしているときの方が刺激的で面白い考えが浮かびます。

もちろん、多忙な平日にエクササイズを取り入れることは難しいかもしれません。しかし、エクササイズを全く行わないことの言い訳にしてはいけません。少なくとも、簡単なエクササイズを短期的に取り入れることを心に誓ってみましょう。夜の睡眠をしっかり取ること、仕事の休憩時間に10分間の散歩をすること、1日のうち1回会議があれば少なくとも1回はストレッチのために休憩を行うことを自分自身と約束するのです。

このような簡単なエクササイズは全て、あなたの士気を高めるでしょう。やがて、成果が少しずつ積み重なると、おそらくより意欲的な運動メニューを行うために何とかして時間をつくろうとするあなた自身に気付くと思います。その結果、あなたがムードエレベーターの上層階にいる時間は着実に増加していきます。

食べ物の選択

ダイエットや栄養学について書かれた書籍は何百冊とあります。私には科学的な専門的知識もなければ、このような書籍と競い合おうという気持ちもありません。しかし、あなたが口にするものとムードエレベーターが移動する性質とに直接的なつながりがあることは確実です。

典型的な米国人の食生活における最大の問題点は、砂糖や塩、油脂を多く含む超加工食品にあります。超加工食品は体重を増やし、心血管系を傷つけ、心臓病や脳卒中、勃起不全などの病気につながります。そして活力の低下や生活の質の悪化を招き、早過ぎる死を迎える要因にもなり得ます。また、この問題は一部の米国人に限られた話ではありません。米国の人口の3分の1近くが肥満に分類され、肥満ではなくとも60パーセント近くが太り過ぎとされています。

ダイエットは一部の人には効果がありますが、ほとんどは長続きしません。私の経験上、健康と体重の維持に適している最善の食事法は、短期的なダイエットではなく、長期的な生活スタイルに組み込むことが可能な、健康に良い食べ物を見つけることです。

健康的な食生活に向けた私の旅路は、クーパー博士の体力テストで落第点を取ったころから始まりました。私はかかりつけの医者のところで定期健診を受けていたのですが、健診内容の一つである血液検査でコレステロール値が少し高いことが分かりました。かかりつけ医は「全乳から低脂肪乳に替えた方がいいでしょう」と勧めてくれました。当時は1970年代で、コレステロール値と心臓病との間に関係があることはほとんど知られていませんでした。私は目に付いた文献を全て調べ、自ら学び始めたのです。

私が特に学んだのは、飽和脂肪酸が動脈を閉塞させる一因になることです。これについては『Live Longer Now: The First One Hundred Years of Your Life』という書籍の中で、ジョン・N・レオナルド氏、ジャック・L・ホッファー氏、ネイサン・プリティキン氏が明確に述べています。プリティキン氏は医師でも栄養士でもなく、エンジニアでしたが、自身が心臓病を患っていると分かり、健康問題に興味を持ちました。そして、脂肪の摂取量が最も多い国において、動脈疾患の患者数が最も多くなることを発見しました。プリティキン氏は長い年月をかけて、当時の医学的な考え方とはかけ離れた革命的なプログラムを構築し、そのプログラムを使って友人や親戚を検査したのです。

プリティキン氏は1974年、カリフォルニア州サンタバーバラにプリティキン・ロンジェビティ・センターを開設しました。同センターは、心臓病や糖尿病、関節炎、痛風などの予防に関して、プリティキン氏さえ夢にも思わなかったほどの素晴らしい功績を挙げました。同センターを訪れた高血圧治療薬の服用患者の85パーセントが、薬を使わずに正常な血圧になって退院しています。また成人発症糖尿病（インスリン非依存型糖尿病）患者の半数はインスリンが不要に、心臓バイパス手術を受ける予定だった患者の半数以上は手術が不要になって、同センターを退院しています。

プリティキン氏の考案した食事療法では、全粒穀物や野菜、食物繊維を多く含む一方、脂肪からのカロリー摂取量を全体の10パーセント以下に抑えてあります。この食事療法における基本的な配合は、今では米国心臓協会など主要な団体が定めた心疾患リスクを低下させるガイドラインに組み込まれています。

私はプリティキン氏の研究結果や功績を調べたことにより、自分の食生活から脂肪を減らし、野菜や果物、そして食物繊維を多く含む全粒穀物を増やすようになりました。その後、動物性食品に含まれている飽和脂肪酸が体に悪影響を及ぼすこと、一方、オリーブオイルや、サケなど脂肪の多い魚に含まれるオメガ3脂肪酸に代表される不飽和脂肪酸は体に良いことを学びました。また特定のベリー類に含まれる抗酸化物質の効果に関する知識も得ました。

複数の研究によって、食生活と病気との関係性が明かされています。中でも動物性食品、特に赤肉〔栄養学において牛、豚、羊、馬、鹿、ヤギなど肉全般の加工されていないもの〕と病気との関係性が最も深いとみられています。ハーバード公衆衛生大学院の研究員が10年間にわたり40万人以上からデータを集め、その結果をまとめた2010年の調査リポートによると、ソーセージやベーコン、ランチョンミートなどの加工肉を1日に2オンス（約56グラム）摂取すると、糖尿病を患うリスクが50パーセント高くなり、またハンバーグやステーキなどの赤肉を1日に4オンス（約113グラム）摂取すると、糖尿病のリスクが20パーセント高くなることが分かっています（※14）。

同様に、米国国立衛生研究所と全米退職者協会（AARP）の研究によると、赤肉の摂取量が最も多かった男性グループは、最も少なかった男性グループに比べ、全体的な死亡率が31パーセント上回りました。他の研究においても、炭酸飲料に含まれる過剰な糖分や、焼き菓子などに使われる小麦粉が健康問題を引き起こすとされています。さらに糖尿病の増加は、異性化糖など甘味料の使用拡大や肥満の増加などと直接的な関係があるとされています。

これら全ての情報を基に、私はいくつかのシンプルな指針を作成しました。この指針に従い、以下のような脂肪や糖分の摂取を避ける、または制限することにより、私は体重を管理し、活力を得て、長生きしようと試みています。

・乳製品、加工肉や赤肉に含まれる飽和脂肪酸、および多くの加工食品に含まれる飽和脂肪酸、トランス脂肪酸。
・単糖類、および焼き菓子やケーキ、炭酸飲料、多くのフルーツジュースに含まれる人工甘味料。

一方で、次に挙げるものを十分、摂取するよう心掛けています。

・野菜、加工されていない果物、アーモンドやクルミなどのナッツ類。
・タンパク質を多く含む大豆などの豆類、タンパク質がさらに必要な場合は植物性プロテインなどのサプリメント。
・養殖ではないサケやマグロなどの魚類。
・特にオメガ3を多く含む良質な油。
・食物繊維が豊富な野菜や玄米、オートミール、全粒小麦などの穀物。
・抗酸化物質を含むブルーベリーやアサイーベリー、ザクロの果汁など。
・水（ジュースを制限し、炭酸飲料を断つ）。

このような指針を自分自身でまとめ、実践していくのにはかなり時間がかかりました。好きな食べ物を一部断つ一方で、持続的な生活スタイルに組み込むことができる健康的な食べ物を摂取するようにしました。重要なのは、食べ物を摂取する上で、適切なものと不適切なものに分ける意識を一段と高めることです。これにより、体に良い食べ物をより多く選択し、体の害になる食べ物を避けることにつながります。やがて、健康的な食べ物が好物となり、生活スタイルの一部になるのです。

食べ物が違いをもたらすことを私は心から理解しています。私のかかりつけ医が１９７０年代にやや高いと診断したコレステロール値（当時２２０）は、つい最近の測定で150となっています。また、私の低比重リポタンパク質（LDL、悪玉コレステロール）や中性脂肪（トリグリセリド）の数値は非常に低い一方、高比重リポタンパク質（HDL、善玉コレステロール）は非常に高い数値となっていて、さらに他の血液検査の数値も好ましいものとなっています。私が初めてスプリント・トライアスロンに出場したのは10年ほど前の70歳のときでした。今では1年間で6回程度、トライアスロンに出場していますが、ほとんどの場合、80歳以上で出場しているのは私だけです。

こんなことが可能なのは、私が健康的な食生活と定期的な運動を怠らないからだと思います。この組み合わせは、ムードエレベーターの上層階でより多くの時間を過ごすことにも関係しています。ですから、健康的で満ち足りた生活を過ごせるよう一歩踏み出してみましょう。あなたはきっと「やって良かった」と思うことでしょう。

※6 アン・ピエトランジェロ「The Effects of Sleep Deprivation on the Body」、『ヘルスライン』、2014年8月19日、http://www.healthline.com/health/sleep-deprivation/effects-on-body*

※7 ポール・ケンドール「How Lack of Sleep Affects the Brain」、『デイリー・メール』、日付不明、http://www.dailymail.co.uk/health/article-47792/How-lack-sleep-affects-brain.html*

※8 ナンシー・A・メルビル「Sleep Deprivation Mimics Psychosis」『メッドスケープ』、２０１４年7月21日、http://www.medscape.com/view article/828576*

※9 レベッカ・M・C・スペンサー「Neurophysiological Basis of Sleep・s Function on Memory and Cognition」『ISRN フィジオロジー ２０１３』、２０１３年、doi:10.1155/2013/619319

※10「Sleep, Learning, and Memory」、ハーバード大学医科大学院睡眠医学部、２００７年12月18日、http:// healthysleep.med.harvard.edu/healthy/matters/benefits -of-sleep/learning-memory*

※11 シャロン・ベグリー「Can You Build a Better Brain?」『ニューズウィーク』、２０１１年１月３日、http://www.newsweek.com/can-you-build -better-brain-66769

※12 ジェームズ・A・ブルーメンソール他「Effects of Exercise Training on Older Patients with Major Depression」、『アーカイブス・オブ・インターナル・メディシン１５９』、１９９９年、doi:10.1001/archinte.159.19.2349 および、ジェームス・E・グレイブス／バリー・A・フランクリン『Resistance Training for Health and Rehabilitation』、ヒューマン・キネティクス社、２００１年

※13 マーティン・G・コール／ナンディニ・デンドゥクリ「Risk Factors for Depression among Elderly Community Subjects: A Systematic Review and Meta-Analysis」、『アメリカン・ジャーナル・オブ・サイキアトリー１６０』、２００３年、doi: 10.1176/appi .ajp.160.6.1147.

※14「Eating Processed Meats, but Not Unprocessed Red Meats, May Raise Risk of Heart Disease and Diabetes」、ハーバードT・H・チャン公衆衛生大学院、2010年5月17日、https://www.hsph.harvard.edu/news/press-releases /processed-meats-unprocessed-heart-disease-diabetes

第10章　心を静める

心を静めよ。そうすれば魂が語りかけるだろう。

――マ・ジャヤ・サティ・バガヴァティ

第9章では、身体面の健康、引いては精神面、感情面などの健康にも適用可能な基本的な原則として、「限界突破と回復」というサイクルの重要性を見てきました。ムードエレベーターの上層階で過ごすためには、心を慌ただしい状態から静かな状態へと移行させる能力を身に付けることが重要です。「心配や不安を感じている」や「怒りに満ち敵意を抱いている」など下層階の考えが持つ特徴は、自制心を失わせて下層階から抜け出せなくなることです。一方、ムードエレベーターの最上階である「感謝に満ちている」においては、ほぼ無意識にとても穏やかな気持ちになります。より静かな状態になれば、心身共に安らぎ、日常生活で蓄積した過労の回復につながるのです。

しかし、インターネットのブロードバンド化に伴うデジタル社会の中で、心を静めることはますます難しくなっています。私たちは絶えず情報にさらされ、注意を引き付けられ、どこに焦点を当てればいいのか分からなくなります。私が最近知り合ったCEOは、幹部たちに対して30分以内にショートメールや電子メールを返信するよう求めていました。しかも、このルールは24時間年中無休で適用されるそうです。これは極端な例ですが、「仕事関連の連絡にはいつ来るかに関係なく返信すべき」と感じる人が一段と増えています。結果的に夜間や週末、祝日、休暇が精神的なリフレッシュや休養、リラクセーションの時間になることはなく、回復するというよりも労働時間が単純に延びることになり、ストレスと不安を感じる時間になるのです。

「今を大事に」するための時間をつくる

より質の高い考え方でいるときは、質の低い考え方でいるときとは異なる感じ方をします。上層階のムードでは、より穏やかで、よどみなく、明快で、リラックスした考えになり、感謝、愛情、穏やかさ、安らぎなどの感情が自然と湧き上がってきます。このような感情を抱きながら、言ってみれば、いつまでもこのままでいたいと思える状態の中で過ごすことで、感情面、精神面での満足度を大きく高める貴重な時間がもたらされます。

あなたが最近、このままでいたいと思えるような状態になったときのことを思い出してください。もしかしたら、それは美しい自然の景色に圧倒されたときだったかもしれません。または、子どもの純粋な愛情に感動したときだったかもしれません。もしくは、音楽の雄大さに魅了されたり、周囲の人の寛大さや寛容さに心を動かされたりしたときかもしれません。このようなときには、あなたの心は静まり、考えも穏やかになります。人生がまるで静かに流れる川のように感じられます。私たちが心の底から「今を大事にする」ことに集中すると、たとえ水面下では大量の水が流れていようとも、感情の水面自体は平穏で、澄み切ったものになるのです。

対照的に、あなたがムードエレベーターの下層階にいるときは、考えがごった返し、ぼやけ、曖昧なものになります。また心配や怒り、自信のなさ、批判などの感情の渦に巻き込まれ、ムードが急降下しやすくなります。このような感情の渦を認識し、落ち着かせることができれば、あなたの人生におけるストレスの緩和につながるでしょう。

私には、心を静める手法が二つあります。そのうちの一つは、オンとオフの時間を区別することです。

確かに、私も現代を生きるほとんどの人と同じように忙しく、大きなプレッシャーがかかる日々を過ごしています。つまり、私もよく仕事を家に持ち帰り、夜間や週末、休暇中に仕事をすることがあります。たとえ表向きは「勤務時間外」であっても、職場や顧客からの緊急連絡に対応せざるを得ないときもあります。

しかし、精神的に安らぐ時間を確保することによって、私は心理面、精神面に影響を及ぼすプレッシャーを最小限にとどめています。大切に思っている人と共に過ごしたり、重要と考えている活動を行っていたりするときは「今を大事にする」時間として、仕事の時間とは切り離しています。心を静め、まさに今この瞬間を生きる能力を意識的に高めているのです。

もちろん、これはあなたにとって困難な課題となり得るでしょうが、私にとってもチャレンジなのです。私たちのほとんどは、自分の考えに強くとらわれてしまうため、人生がもたらす特別な瞬間に気付くことができません。あなたはこれまで、「仕事モード」が完全にオフにならないまま、休日を過ごしたことはありませんか？　または「心ここに在らず」の状態で休暇を取ったことはありませんか？　愛する人と共に時間を過ごしているのに、気持ちが上の空だったことはありませんか？　これらの状況はいずれも今を大事にしていません。このような状態では、気持ちを新たにリフレッシュして、正常な状態に回復する機会を失い、人とより深い関係を築くチャンスを逃してしまいます。

このような問題は古くから見受けられます。そのため、多くの哲学や宗教において「幸福は今この瞬間を生きることによって見つかる」との教えが伝わっているのです。また現代科学においても、これが正しいことであると確認されています。心理学者のマシュー・キリングワース氏とダニエル・ギルバート氏は「A Wandering Mind Is an Unhappy Mind（さまよう心は不幸な心）」という論文の中で、現代社会における「さまよう心」と幸福度との関係性について言及しています。彼らはｉＰｈｏｎｅ用アプリケーションを開発し、83カ国から無作為に選ばれた約５０００人を対象に、彼らの感情面、活動面、精神面について調査したところ、被験者の多くが1日の半分以上を目の前の物事以外のことを考えながら過ごし、さらに、その時間のほとんどにおいて幸せを感じていなかったことが分かりました（※**15**）。

私自身、誰よりも「さまよう心」になりやすいと感じていて、意識的にそうならないように努めています。具体的には、注意や関心をそらさないように手を打つことが非常に有効です。例えば、私は夜間や週末、休暇中のほとんどの時間、そして子どものバレーボールの試合を見ている間などはスマートフォンの電源を落とします。またオフィスにいないときは、電子メールを読む時間を少し確保するものの、その後は電子機器の電源を落とし、仕事について考えることもやめます。これにより、私は自分が回復する時間だけでなく、愛する人との充実した時間も得ているのです。

心を静める上で呼吸が果たす役割

誰もが求めている、落ち着いて集中できる時間を得るために私が採用している二つ目の手法は、即効性のあるシンプルなものであり、慌ただしい1日のさなかでも心を落ち着かせることができます。その手法とは、ただ単に動きを止め、深呼吸をして、息を吐きながら「今を大事に」と自分自身に言い聞かせることです。この一連の動作は、少なくともその場面において、集中力を研ぎ澄ます効果があり、考えがクリアになります。

ある会議から別の会議に歩いて移動しているときや、仕事を終えてから家に帰り、自宅のドアを開ける前などにこの動作を行うと、非常に効果を発揮します。

もちろん、心の状態に作用する、呼吸の素晴らしい効果を発見したのは、私だけではありません。ゆっくりと深呼吸することにより、副交感神経が優位となり、心が穏やかになることは研究で明らかになっています。

私が呼吸の力について初めて知ったのは、ハーバード大学医学大学院のハーバート・ベンソン氏の共著『The Relaxation Response』〔邦訳に『リラクセーション反応』〕を読んだときでした。ベンソン氏は東洋の瞑想術を研究し、「力を抜いた状態で息を吐くたびに特定の単語や言葉を単純に繰り返し述べる」ことに心を静める効果があることを発見しました。心と体の医学の第一人者であるディーパック・チョプラ氏の信奉者や仏教徒などは、呼吸のマントラ（呪文・真言）とも呼ばれる「ソーハム」という言葉を唱えたりしますが、ベンソン氏は息を吐きながら当たり障りのない言葉（例えば「ｏｎｅ」）を繰り返し述べたとしても同様の結果が得られることを証明しました。また、この行為によって心拍数や血圧が下がることも研究によって明らかになりました。

私が試したところ、１分間に60回だった心拍数が46回に下がったほか、血圧も通常より20～30ミリメートルHG下がり、90／50ミリメートルHGとなりました。私は数年間にわたって、ベンソン氏の『The Relaxation Response』に書かれた手法やその応用を自分なりの形で行い、1日をより穏やかで感謝に満ちた状態からスタートできるようにしています。

つい最近、私は作家であり心理学者でもあるジョン・セルビー氏を知りました。セルビー氏も呼吸の力を指摘していますが、ひねりが効いています。セルビー氏は著書『Quiet Your Mind』の中で、心の中にやらなければならない動作を二つ以上思い浮かべれば、心はさまようことがない、という理論を説き、その結果、心を落ち着かせることができるとしています。具体的には、まず吸う息と吐く息とを意識しながら鼻で呼吸することを勧めています。それでも心が静まらなければ、二つ目の動作として、胸部や腹部を膨らませたりへこませたりすることにも意識を向けます。このような動作を同時に行うためには集中力が必要なため、他のより複雑なことを考えることが難しくなり、結果的に心が静まるのです。

私は慌ただしい1日のさなか、神経が過度に高ぶったり、心配や不安によって集中できなくなったりすると、とにかく数回、深呼吸します。深呼吸はほんの数秒で静かな心へと至ることができる有効な近道です。この章で取り上げた手法を一つ、もしくはそれ以上を実践して、あなた自身にも変化が生じるかを確かめてみましょう。

※15 マシュー・A・キリングワース／ダニエル・T・ギルバート「A Wandering Mind Is an Unhappy Mind」、『サイエンス』330巻6006号、2010年、doi: 10.1126/science.1192439

第11章 感謝の気持ちを育てる

感謝の気持ちを伝えることは、礼儀正しく気持ちの良いことだ。
感謝の気持ちを行動で示すことは、寛大で気高いことだ。
しかし、生活の中で感謝の気持ちを表すことは神に触れることにも等しい。

——ヨハネス・A・ガートナー

先日、「YouTube（ユーチューブ）」にアップロードされている「The Power of Words」というタイトルの動画を見ました（※16）。再生回数が2500万回以上のこの動画では、盲目の男性が街の歩道に座り、男性のそばにはお金を入れてもらうための空き缶と、「私は目が見えません。助けてください」と書かれた段ボールが置いてあります。通行人は行き交っていますが、お金を入れる人はほとんどいません。

しばらくすると、一人の女性がやってきます。彼女はメッセージが書かれたその男性の段ボールを見て、少し考えた後、段ボールを裏返し、新たなメッセージを書き込みます。

そのほぼ直後、空き缶に入るお金が劇的に増えていきます。盲目の男性は、彼の足元や空き缶に集まる大量のコインの音を聞き、驚きと困惑を隠せません。その後、メッセージを書き換えた先ほどの女性が戻ると、盲目の男性が尋ねます。「私の段ボールに何と書いたのですか?」

女性は答えます。「同じ内容を、別の言葉で書いただけよ」

そして、女性が書いたメッセージが映し出されます。「今日は良い天気ですね。でも私にはそれを見ることができません」

この短い動画は、私の心を大きく揺さぶりました。これほど多くの通行人に対し、盲目の男性に惜しみなくお金を与えるよう促した彼女のメッセージの力とは何だったのでしょうか? それは誰もが、いつでも抱くことができるにもかかわらず、多忙な日常生活の中で軽視されることがあまりにも多い感情——感謝の気持ち——が持つ力です。彼女が書いたメッセージを見た人々は、目が見えるという奇跡を思い出し、自分たちがどれほど幸運であったのかを再認識します。そして、その奇跡に感謝する気持ちを抱き、心を開くことにより、自分たちより恵まれなかった一人の男性に惜しみなくお金を与えたのです。

自分がいかに恵まれているのかを考えることは非常に有意義であり、自分の人生を客観的に捉える上でとても優れた方法なのです。

感謝する視点を持つ

私はよく「ムードエレベーターの最上階がなぜ『感謝に満ちている』なのか」と質問されます。これにはいくつかの理由があります。

感謝の気持ちは「最優先の感情」と言い表すこともできます。感謝の気持ちと同時に、怒りや絶望、いら立ち、自己中心的などの感情を持つことはほぼ不可能です。感謝の気持ちとともに安らぎや優しさ、幸せを感じ、焦りやフラストレーション、怒りを打ち消します。私たちは感謝することによって精神が高揚し、目的意識や自身の存在感が高まったように感じて、周囲の人を支えようとする気持ちが生まれるのです。また感謝する気持ちは自分よりも他人に目を向けているため、ねたみなどの下層階のムードから私たちを引き上げ、無力感や被害者意識を遠ざけます。

何より大事なのは、感謝の気持ちは物事に対する視点――人生で実際に起きていることと、起きたことによってもたらされる全てを感謝できるかどうか――次第なのです。

例えば、次のように考えてみましょう。あなたが本書を読んでいるということは、自己実現について考えるために時間を割いているということです。つまり、あなたは自分の可能性や能力を最大限に引き出し、自分の人生を可能な限り豊かで、実りがあり、かつ有意義なものにしようとしているのです。となると、あなたは必然的に食事の調達場所や住居の確保について重要視していないことになります。言い換えれば、あなたはすでに多くの点で恵まれているのです。ぎりぎりの暮らしではなく、多かれ少なかれ当然のように衣食住がある、人類の特権階級に属しています。人類のうち、多くの人々はこのような幸運に恵まれていません。そして、こうした人たちは発展途上国だけではなく、より身近なところにも存在するのです。

あなたはこれまでに、ショッピングカートに全財産を載せ、それを押しながら道を歩いているホームレスの人を見たことがありませんか？　発展途上国で小銭を乞いながら旅行者の後をついていく子どもや、紛争地帯から逃れた難民が平和な国への越境許可を必死に懇願する姿を見たことがありませんか？　もしあるのであれば、たとえ日常でどのような問題や困難に直面していようとも、あなたや私がどれほど幸せなのかは理解できるでしょう。

とはいえ、毎朝の目覚めと同時に感謝の気持ちが自然と生まれるでしょうか？　残念ながら、ノーと答えざるを得ません。だからこそ、物事に対する視点が重要になってくるのです。

もし自分が持っていないものや気に入らないことに考えが向かってしまうとしたら、満足な人生を送れているとは思えないでしょう。ムードエレベーターがすぐに下降し、そこにとどまってしまいます。ムードエレベーターの下層階にいるときは、物事に対する視点を見失っています。そして人生におけるたくさんの幸せな物事を見過ごせば、気に入らないことに圧倒されて、私たちを疲れさせる事態にもなり得るのです。

反対に、私たちが持っているもの全てに心から感謝すれば、人生が充実し、豊かで、実りあるものに感じられます。少なくとも、命という恵みそれ自体に感謝することは可能です。私たちを取り巻く世界をただ感じ、意識することは、私たちが普段見過ごしている貴重な営みです。先に紹介した動画においても、通行人たちは、書き直されたメッセージを目にするまで、目が見えることの価値を見過ごしていたのです。

人生における他の多くのことと同じように、感謝の気持ちを抱き続けるかどうかは選択の問題になります。感謝する気持ちを持とうとすることは、人生のマイナス面を克服する有効な手段なのです。どんなことでも構わないので、あなたが感謝していることを思い浮かべれば、嫌なムードから素早く抜け出すことができます。そして、感情面でより高い位置へと向かうことができるのです。感謝の気持ちは、ムードエレベーターの上層階への、いつでも利用可能な「急行ボタン」なのです。

感謝に満ちていることの恩恵

感謝するという視点を持つことができれば、あなたのムードエレベーターを最下層階から最上層階に引き上げることができます。ただ、感謝することは単に気持ちが良いというだけではありません。人生において、感謝する気持ちを育もうとする考え方を習慣化することが、精神面、感情面に大きな恩恵をもたらすという研究結果はたくさんあります。

米オハイオ州クリーブランドにあるケース・ウェスタン・リザーブ大学医学部で生命倫理学の教授として研究を行なうスティーブン・ポスト氏は、愛情などのポジティブで思いやりのある感情の効果を検査・測定する専門の研究チームを立ち上げました。彼の研究によると、感謝の気持ちなどの愛情に関連する感情には、少なくとも5つの点で身体の健康を高める性質があることが分かっています（※17）。

・感謝がもたらす免疫力――1日に15分間、意識的に感謝するだけで、体内の自然抗体が大幅に増加し、病気に対する免疫が高まる。
・感謝がもたらす明晰さ――感謝する視点を持つ人は、集中力が増し、臨床的うつ病の発症率が明らかに低下する。
・感謝がもたらす安らぎ――感謝の気持ちは、血圧と心拍数が健康的な数値になる「レゾナンス」と呼ばれる生理状態を誘発する。
・感謝がもたらす強靭《きょうじん》さ――親や病気を患った家族の介護は疲弊しやすい。だが、感謝の気持ちを持てば、そうでないときよりも一段と健康的になり、くじけにくく、能力を発揮しやすくなる。

・感謝がもたらす治癒力――臓器移植後に最大限の感謝を示した患者は術後の回復が早まる。

感謝の気持ちが健康を増進させる力を持つことを明らかにした研究者は、ポスト氏だけではありません。カリフォルニア大学デービス校の心理学の教授、ロバート・A・エモンズ氏は、「感謝する人ほど、より自分の体に気を付けていて、習慣的なエクササイズや健康的な食事、定期的な健康診断など、より健康を維持するための行動を取っている」と述べています（※18）。また、エモンズ氏は、感謝する人は楽観的な考え方を持ち、免疫システムが強化される傾向にあることも発見しました（※19）。

エモンズ氏によって行われた興味深く啓蒙的な研究プロジェクトが「Dimensions and Perspectives of Gratitude」です。ジョン・テンプルトン財団による助成を受けたこの研究プロジェクトでは、その日に起きた感謝すべき出来事を記録する「ありがとう日記」をつけると、多くの恩恵を受けることを発見しました。日記をつけている人は定期的に運動し、身体的に不快な症状も少なく、生活全体を心地良く感じ、人生の難題に直面したときでも楽観的で、仕事や人生の目標に向かって一段と前進していました（※20）。

カリフォルニア大学リバーサイド校の心理学部教授、ソニア・リュボミアスキー氏は著書『The How of Happiness: A New Approach to Getting the Life You Want』（邦訳に『幸せがずっと続く12の行動習慣―自分で変えられる40％に集中しよう』）の中で、感謝する気持ちの根底にある働きに焦点を当てています。彼女は、幸せの「セットポイント」を引き上げる行動を次のように特定しました。

・感謝の気持ちを述べる。
・楽観的な考え方を育てる。
・他人と比較しない。
・親切な行いをする。
・人間関係を育む。
・他人を許す。
・「フロー体験」（第3章参照）を追い求める。
・人生の喜びを感じる。
・心の成長を追求する。

・エクササイズなど健康に良い活動を行う。

マサチューセッツ総合病院のベンソン＝ヘンリー心身医学研究所で所長を務めるグレゴリー・L・フリッチョン氏は、こうした一連の研究について「ポジティブな感情が最終的に健康増進効果を持つことを明らかにし、心理学分野を席巻している」と総括しています。「人生の良い点を認め感謝すると、なぜ気持ちが楽になるのか」という問いに対しては、感謝の気持ちが脳内の最も重要なさまざまな器官に作用し、ムードを上昇させるためと説明できるでしょう。

もし、あなたがもっと幸せになりたいのなら、「功績や財産が幸せをもたらす」という作り話を忘れましょう。代わりに、すでに与えられている恩恵に感謝し、その気持ちを育む活動に注力しましょう。これこそが最も重要なことなのです。

感謝の気持ちへのアクセス方法を学ぶ

ムードエレベーターがより上層の階に向かうと、心がより静まる傾向にあります。感謝の気持ちも同じです。心が非常に慌ただしい状態で感謝の気持ちを抱くのは、不可能ではないにしろ困難です。そのため、感謝の気持ちはよく祈りや瞑想と関連づけられます。祈りや瞑想は共に心を静め、より広く豊かな人生観を得る可能性をもたらしてくれるからです。

感謝の気持ちへのアクセス方法を学ぶことは極めて個人的な行為です。ムードエレベーターへの上手な乗り方を学ぶのと同様に、感謝の気持ちへのアクセス方法も試行錯誤を繰り返しながら自分で学ばなければなりません。自転車の乗り方と同じように、誰かがその方法を説明してくれたとしても、あなた自身がその感覚をつかまねばならないのです。

以下のような方法は、感謝の気持ちを持ち続けることに役立つでしょう。

・ジャーナリストのデボラ・ノービル氏は著書『Thank You Power: Making the Science of Gratitude Work for You』〈邦訳に『サンキューパワー――あなたが変わる！ 1日三つの「ありがとう」』〉で、あなたが感謝したことについて考えたり、記録したりする方法として、日記を書くことを提案している

・マーティン・セリグマン氏は著書『Flourish』（邦訳に『ポジティブ心理学の挑戦――〝幸福〟から〝持続的幸福〟へ』）の中で、「1日に1度、自分の気持ちが高まった小さなことを三つ思い出す」という簡単な訓練を紹介している。それらは素晴らしい食事や愛する人からの抱擁、寝付きが良くなる柔らかい枕など、単純なものでよい。

・私は目が覚めると、2～3分間の時間を使って、第10章で取り上げた呼吸法を行い、心を静める。その後、さらに数分間、自分の人生の中で感謝していることを思い出す。このルーティンを夜寝る前にも行う。

・私は1日中、感謝の気持ちを思い出させてくれる出来事――例えば、5人の子どもたちからの抱擁や手書きのメモ、メールなどの愛情表現――に気付けるよう努めている。

・家庭内の習慣的な行為においても感謝する視点を育てることができる。感謝祭の夕食時に感謝の言葉を順番に述べる家庭は多いが、私の家では毎日の夕食時に感謝の言葉を述べるようにしている。食事に対する感謝の祈りを簡単に行った後、食卓を囲んでいる人がそれぞれ、その日とても気持ちが良いと感じた出来事を語り合う。

これは感謝する精神と家庭内の温かい人間関係につながる。

・私の家では夕食時に時々、「私があなたに感謝していること」として、家族の一人に対して感謝していることを共有するようにしている。

人は他人の良いところを評価しても、それを伝えるのは30回に1回しかないといわれています。周囲の人に感謝を惜しみなく伝える習慣を持つことによって、人間関係は深まり、伝える側も伝えられる側も気持ちが明るくなるのです。

逆境下での感謝

感謝の気持ちは、明らかに恩恵で満たされた人生を送っている人だけが持つものと思うかもしれませんが、そうではありません。厳しい逆境に対して、感謝する視点を活用した人はたくさんいます。例えば、命にかかわる事件の後は、生きていること自体にあらためて感謝するでしょう。命を与えられたという恩恵を大局的に捉えるために、臨死体験やトラウマ（心的外傷）が必要であることは、ある意味で残念なことです。その一方、私たちが日々の生活で発生する問題に巻き込まれているときは、最も大切なものを簡単に見落としてしまうことも確かです。逆境によって、当たり前のように存在していることの奇跡や素晴らしさにあらためて気付けるなら、逆境は「災い転じて福となす」ものになり得るのです。

つらい時期を乗り越えて、感謝する視点を得た、または取り戻した人をあなたも知っているでしょう。私の義姉妹であるシビルは、乳ガンを克服して以降、物事にこだわることがはるかに少なくなり、小さなことに感謝するようになりました。彼女がそのときに経験したことに比べれば、他の全てのことはささいなことなのです。

感謝する視点は、人生の逆境に対処していくための最も強力なツールの一つになり得ます。これまで見てきたように、ムードエレベーターの最上階で過ごすことで、あなたは最高の状態で活動できるようになり、極めて困難な試練に対しても創造的な解決策にたどり着くことが容易になるのです。

私の場合、西暦2000年に人生の大きな試練が三つ同時に訪れたとき、最高の状態で臨む必要に迫られました。

ＩＴバブルが終わりに差し掛かっていたころ、多くのコンサルティング会社が規模拡大を狙って合併・買収を行い、競争力を高めていました。その熱気の中で後れを取らないために、セン・ディレイニー社も株式交換により、大手企業の傘下に入りました。不幸にも、その大手企業はすぐに倒産し、私たちは企業の経営権だけでなく、25年間にわたり築き上げた企業価値のほとんどを失いました。さらには、その大手企業を存続させるために、業績が良かったセン・ディレイニー社の資金が投入されたのです。私たちはセン・ディレイニー社を買い戻す方法を探し出さなければなりませんでしたが、厳しい闘いになることは分かっていました。

この厳しい闘いに臨んでいる矢先、私は嚢胞《のうほう》性聴神経腫瘍（脳と耳とをつなぐ神経にできる腫瘍）があり、危険を伴う手術が必要だと診断されました。つまり、私は「メスが一度でも滑ったら、顔の左半分が永久に麻痺する可能性がある」と言われたのです。複数の団体に講演することで生計を立てている私にとっては深刻な言葉です。その上、たとえ手術がうまくいったとしても、左耳の聴力をおそらく失うだろうと言われました。

この二つの深刻な事態を受け入れようとしているとき、私の妻がかかりつけ医の元から帰宅し、妊娠したと伝えてきました。妊娠を望んではいましたが、バーナデットは50歳代、私は60歳代であったため、予想していたことではありませんでした。私の年齢で、しかも直面している二つの深刻な事態と同時に、生活の劇的な変化に対応することを考えると悲観的にならざるを得ない状況でした。

しかし私は、今こそがこれまで学び、教わってきた原則を試す絶好の機会だと思いました。ムードエレベーターの下層階にいると、心配したり、絶望したり、ストレスを感じたり、腹が立ったりしますが、その状態では直面している難題に取り組むために必要な知恵や洞察力が手に入らないことを私は知っていました。それでは、私はどのようにしてムードエレベーターの下層階から脱したのでしょうか？

感謝する視点を取り入れることを意識し、全力で努力したのです。自分を哀れだと思う気持ちを振り払い、代わりに私の人生においてなお感謝できる恩恵の全てに集中しようと力を尽くしました。

確かに、私の会社は組織的に重要な課題に直面していましたが、まだ利益は出ていました。顧客企業やその経営陣に対して行う私の仕事は依然として魅力的であり、充実していました。

また、私は対処するのが困難な健康上の問題を抱えていましたが、腫瘍は手術可能であり、命に関わるものではありませんでした。

さらに、これほどストレスの多い環境下で新たな命の誕生に適応するのは難しいことですが、私には愛情にあふれ、支えてくれる家族がいました。そして生まれてくる子どもは天からの授かりものであり、また私たちが長らく待ち望んだものでもありました。

このような質の高い考え方は、直面している難題を乗り切るために必要な知恵へのアクセスを取り戻す助けとなりました。

私と同僚たちは、セン・ディレイニー社を買い戻す独創的な方法を見つけ出しました。今日のセン・ディレイニー社はかつてないほどに好調で一段と成功しています。

息子ダリンと彼の仲間たちは、私の病気の治療法について調べ、世界一の実績を持つ外科医を見つけ出し、多忙なその外科医の予定を何とか押さえてくれました。何百人もの人が自発的に祈ってくれる中、私は非常に落ち着いた状態で腫瘍除去手術を受けました。そして手術は成功します。手術により左耳の聴覚を失いましたが、それさえも「災い転じて福」となりました。人の話を聞くことに集中せざるを得なくなったため、ひっくるめて見れば、より聞き上手になることができたのです。

何より最も素敵なことは、バーナデットが健康でかわいい男の子を産んだことです。この子は家族全員の喜びとなりました。

私は、ムードエレベーターを理解することが眼前に立ちはだかる課題の解決に効果があるということをあらためて知りました。私がこのつらかった1年から得た最大の教訓は、「現状に感謝することの大切さ」でした。私は自分の人生を当たり前と思わず、また、完璧な人生を望むこともなくなりました。

目指す場所——無条件の感謝

「無条件の愛情」とは、親が子に対して抱く愛情のほかに、信心深い人が信仰の対象となる大いなる力に対して抱く愛情を指します。状況が変化したとしても絶対に失われない愛情です。

無条件の愛情が必ず手に入れられるものかどうか私には分かりませんが、一方で「無条件の感謝」とでも呼ぶべきものは手に入れたいと切望しています。これは、私が人生においてありがたいと感謝しているもの——愛する人々や仕事、体の健康——に対してではなく、ありのままの人生そのものに対する感謝の形です。

私は時々、無条件の感謝を抱いていると思うことがあります。そのときには大抵、ある感覚が生まれます。それは意識的に考えたものではなく、自分が自分自身よりも偉大で重要な何かの一部になったと思えるような深い幸福感です。また多くの人にとって、無条件の感謝は精神的な充実感を伴います。より優れた知的存在を身近に感じ、その知的存在をより深く理解し、つながりたいと願うようになるのです。このような観点から見れば、無条件の感謝とは神の恵みを受けている状態――明確な理由なく、価値のある素晴らしい贈り物を授かった状態――なのかもしれません。

こうした無条件の感謝は、類まれな人生経験を通じてより感じやすくなるようです。

宇宙飛行士は地球の150～250マイル（240～400キロメートル）上空を飛行するとき、他の人にはめったに見ることができないこの世の景色を目にします。彼らは、地球の大気がどれほど薄くてもろいのか、海がどれほど広大なのか、一方で人類が暮らす大地がどれほど狭くて小さいのか、そして熱帯雨林などで起こっている環境破壊がどれほど甚大なのかを目の当たりにします。また、地球が無限の宇宙に浮かぶ小さな一つの惑星であり、人類が実に人為的で目に見えない政治的な境界線をめぐって争っていることを理解するのです。

その結果、多くの宇宙飛行士は大きな視点の変化と共に帰還します。彼らはまるで大きな絵を間近で見ていたかのように感じます。つまり、私たちが日々取り組んでいる問題の矮小さと共に、人類の融和と存続につながる神の恵みの豊潤さに気付くのです。人類の争いが生む戦闘の愚かさや、私たちが見過ごしている政治的、社会的な分断がつくり出す弊害に気付き、平和主義者となる人もいます。

私には感謝すべきことが多くあるものの、ほとんどの人と同じく、ムードエレベーターの「感謝に満ちている」の階層に行けることはごくまれで、この階層の住人とはいえません。しかし、感謝に満ちた状態が存在し、そこに到達可能であると知ることは、人生をより一層良いものにしていく上で、素晴らしい試金石となるのです。

※16 https://www.youtube.com/watch?v=Hzgzim5m7oU

※17 スティーブン・ポスト／ジル・ニーマーク『Why Good Things Happen to Good People: How to Live a Longer, Healthier, Happier Life by the Simple Act of Giving』、ブロードウエーブックス社、２００７年

※18 エリザベス・ヒューベック「Boost Your Health with a Dose of Gratitude: If You Want to Get Healthier, Give Thanks」、『ウェブＭＤ』、２００４年、http://www.webmd.com/women/features/gratitute -health-boost#1*

※19 ロバート・A・エモンズ「Why Gratitude Is Good」、『グレーター・グッド・イン・アクション』、２０１０年11月16日、http://greatergood.berkeley .edu/article/item/why_gratitude_is_good*

※20 ロバート・A・エモンズ／マイケル・E・マカロー「Highlights from the Research Project on Gratitude and Thankfulness: Dimensions and Perspectives of Gratitude」、マイアミ大学、２００３年秋、http://www.psy.miami.edu/faculty/mmc cullough/Gratitude-Related%20Stuff/highlights_fall_2003.pdf

第12章 それぞれの世界を尊重する

思想家は皆、おおむね同じ考えを抱く。そんな思想家が別の思想家の心の中に入り、そこから見える景色が自分自身といかに異なるかに気付けば、おそらく計り知れないほど愕然《がくぜん》とするだろう。

――ウィリアム・ジェームズ

「見ることは信じることなり」という慣用句を聞いたことがあるでしょう。しかし、人生について学べば学ぶほど、この慣用句が全く正しくないことが分かってきます。私たちは自分の目にいともたやすく、だまされてしまうのです。

説得力のある実例によって、これが事実であることが示されています。驚くほど多くの人々が誤った目撃証言により、不当な有罪判決を受けています。近年になって、反論の余地のないＤＮＡ鑑定結果に基づき、重罪と判決を受けた何百という人々が刑務所から釈放されています。その中には、目撃者の証言のせいで何十年も不当に投獄されていた人もいます。このような目撃証言は、絶対的な確信を持った目撃者にしてみれば正しいものでしたが、実際は完全なる誤りだったのです。

２０１１年には、ロサンゼルス市警察の署長がこの上ない確信を持ってある男性の逮捕を発表しました。この男性はロサンゼルス・ドジャース戦の試合後にサンフランシスコ・ジャイアンツのファンを激しく暴行し、昏睡《こんすい》状態に陥らせたとされていました。しかし、これが全市民を怒らせることになります。この逮捕は目撃者の身元がどうやら信頼できそうだということで執り行われましたが、その数週間後、暴行したとされる男性は自分が別の場所にいたことを証明したのです。署長は謝罪し、無罪となった男性が釈放されてから、後になってようやく真犯人が捕まりました。

刑事事件において、見ることは信じることにあらずという現実は致命的な結末につながることがあります。しかし、同様の真理が事の大小を問わず私たち全員に日々、影響を及ぼしています。あなたは自分では気付いていなかった何かに何年も――おそらく誰かにそれを指摘されるまで――縛られていたことはありませんか？　ある場所に車の鍵を確実に置いたのに、別の場所で見つかったことはありませんか？　ある出来事に関する記憶について、同じ場所にいた別の人の記憶と全く異なっていることを知り、驚いたことはありませんか？

このような経験に聞き覚えがあったとしても、これはその人がとても不注意だったり、うっかり者であったりすることが理由ではなく、あなたが人間であるためです。私たちは皆、盲点を持っており、その盲点によって物事が見えたり見えなかったりします。この事実を認識し受け入れることが、思いやりと分別を持ちながら他人と折り合いをつけるための重要な一歩なのです。

それぞれの世界を生きている

どんな話についてであれ、異なる2人が全く同じ考えを持つことは、めったにありません。つまり、私たちはそれぞれの世界を生きているのです。

一例を示しましょう。私の妻はテレビ番組の「The Real Housewives of Orange County」が面白いと言います。このテレビ番組は、個性あふれる登場人物たちの日常が垣間見える珍しい番組で、その中で描かれている破綻した夫婦関係と比べると、自分たち夫婦がいかに素晴らしい関係にあるかを知り、ありがたく感じるそうです。

私は彼女に全く賛同できません。そのテレビ番組は私にとって見るに堪えず、非常に出来が悪いのです。なぜこの番組を見たがる人がいるのか、私には想像すらつきません。特に妻のバーナデットのような知的で思慮深い人が見たがるとは考えられないのです。

「Real Housewives」について、私たちのどちらが正しいのでしょうか？　バーナデットの意見が「正しい」のでしょうか？　もしくは彼女が「間違っている」のでしょうか？　実際のところ、この問いは意味を成しません。このテレビ番組に関する私たちの意見は個人的かつ主観的なものであり、個々人の奥深くにある好みや興味、価値観に基づくものだからです。意見が人によって異なるのは当然です。そのため、どちらが正しく、どちらが間違っていると断言することはできないのです。

だからといって、「Real Housewives」に対する私の意見が「正しい」という絶対的な確信を捨てることもしません。そしてこの例で言えば、バーナデットは完全に間違っています！　反対に妻も全く同じ気持ちを私に対して抱いているでしょう。

自分自身の主観的な判断に対する信頼は、人間である以上、捨てることができません。私たちは親の影響や育て方、宗教的なしつけ、教育、人生経験、育った社会的環境によって考え方の癖ができ、その癖に基づいた確固たるフィルターを一人一人が持っています。私たちの知覚の形成においては、これらの個人的な影響によるところが非常に大きいため、異なる方法で物事を捉えることはほぼ不可能です。そのため、私たちは大抵、自分の好みや選択、判断が「正しい」と完全に思い込んで人生を送っています。これは犯罪の目撃者が自分の証言の正確さを確信していたことと同じです。

世界の見え方が異なることによって2人の人間の間に衝突が生まれるのは避けられないことですが、争点がテレビ番組の好みの違いであれば大した問題にはならないでしょう。しかし、それが政治や宗教、家計、事業戦略といった重要な事柄だったとしたら、深刻な不和が生じ、そのまま放置すれば安定していた人間関係を脅かす可能性がありま す。この世界では、人生に対する見方の違いを認めず、尊重しないことにより、グループやコミュニティー間の憎しみが、さらには国家間の戦争が引き起こされるのです。

物事は必ずしも目に映る姿のみにとどまらないこと、物の見方が人と異なるのはやむを得ないこと、自分たちの見方や判断が生い立ちや経験によって形成されていること、同様に他人の見方や判断も生い立ちや経験によって形成されていること、意見や見方が分かれる問題において誰が「正しく」、誰が「間違っている」と言うのはほとんど不可能であることなど、人生におけるいくつかの真理を覚えておけば、数多くの不必要な対立を避けることができます。つまり、全ての人がそれぞれの世界を生きているのです。私たちが成熟した大人として唯一できる妥当なことは、それぞれの世界を尊重することでしょう。

これらの真理に基づくと、人間関係を健全にし、人生に対してよりポジティブに取り組むために必要な原理の一つは、謙虚な姿勢を保つことであり、それは他人と意見が合わないときに、自然と批判的になったり自己中心的になったりする傾向を意識的に避けることでもあります。

もちろん、明確な善悪の境界線が重要となり、かつ尊重されなければならない状況は起こり得ます。あからさまな不正、残忍な行為、暴力につながる憎しみ――このようなことは悪であり、立ち向かわなければなりません。しかし、日常生活で起こる衝突の大部分は、この水準には達しません。よくある意見の不一致は概して白黒つけられるものではなく、ほとんどの場合グレーです。このような場面こそ、謙遜と、異なる見方を進んで受け入れる姿勢が極めて重要なのです。

自分の物事に対する見方への確信が度を過ぎ、その結果として過度に批判的になったり、自己中心的になったりすると、ネガティブな影響が発生します。仮にムードエレベーターにおける「批判的で人を非難している」の階層にとどまることが「不健全な常態」〔第4章参照〕になっている場合、あなたの人生経験は悩ましいものになるでしょう。人との言い争いが増え、いら立ちや悩みを抱え、怒りや過度な保身に走る時間が増えることになります。お互いの世界について理解していないため、公私に限らず不必要に人との衝突が起こるのです。

そして、成長や学び、発見を重ねていく機会も減る可能性があります。自分が物事の在り方を知り尽くしていると思い込んでいるため、新しいアイデアや新鮮な物の見方を進んで受け入れなくなっていくのです。そうなると、時とともに世界に対する見方がどんどん狭まっていきます。

他人の見方を理解するために

自分の認識が正しいと過度に固執し、それが消極性や視野の狭さへと陥るのを避けるための最も良い方法の一つが、好奇心を育てることです（第5章で、ムードエレベーターのブレーキとして働く好奇心の重要性を取り上げたことを思い出してください）。あなたとは異なる人や賛同できない意見に遭遇したら、ムードエレベーターの「批判的で人を非難している」や「自己中心的になっている」などの階層ではなく、「好奇心があり興味を持っている」の階層に向かってください。そして、自分自身にこう尋ねてみましょう。「彼らの考えは何だろう？」「彼らはなぜ異なる見方をするのだろうか？」「彼らの生い立ちや経験、教育がどのような世界観の形成を促し、どうして私には理解できないものを理解できるようになったのだろう？」

ここで重要なのは、「真実は何なのか？」「誰が正しくて、誰が間違っているのか？」といった問いによって話が脇道にそれないようにすることです。目を向けるのはそれぞれの世界の「真実」ではなく「見方」なのです。全ての物語には多様な展開があり、全ての問いには多数の答えがあり、全ての問題には数え切れないほどの解決策がありますす。この事実を受け入れましょう。あらゆる人がそうであるように、あなたも盲点を持っていることを忘れないでください。そして先入観を持たずに人の見識を取り入れることによって、常に学びとなる新たな事柄があることを心に刻むようにしましょう。

一方、あなた自身の見解を伝えるときは、独断的、確信的にならないよう言葉を変えるようにしてください。あなたの意見が絶対的な真実であるかのように他人に対して――そして自分に対しても――示すのではなく、あなたの発言が個人的な見方を反映したものであることを明確に伝えるのです。あなた自身の見方であることを、より上手に述べるのに便利な言い回しを少し挙げてみましょう。

「私には……のように思われます」
「私の見方では、……です」
「私個人の見解では、……と考えます」
「……だと思います」（「……です」とは言わない）
「私の誤解でしたら恐れ入りますが、……ではないでしょうか」
「私の勘違いかもしれませんが、……だと思います」

もう一点、本書の他の箇所にもあるように、感情をあなたの指針として活用してみましょう。人は自分の意見や見解に確信を持ち過ぎると、過度な保身に走ったり、批判的になったり、自己中心的になったり、人に対していら立ったりしがちです。このような感情について熟知して、これらの感情が現れたときには、それを認識できるようになりましょう。これらの感情はあなたが耳を傾けたり学んだりすることをやめ、他人を拒絶し、自分の将来性を閉ざしているという合図なのです。そういう合図に気づいたら、話をやめ、椅子に深く腰掛け、深呼吸をし、「好奇心があり興味を持っている」のムードに向かうよう心掛けるのです。

私にとって2回目の結婚生活が始まって間もないころ、最大の問題は幼い子どもたちにどのように対応するかということでした。私は子どもたちのことをどれほど愛し、必要としているのかを必死に伝えようとしました。そのため子どもに甘い父親になり、適切な方針を示せないことが度々ありました。

バーナデットも子どもたちを愛していました。しかし彼女は子どもたちを、自己管理ができて家の手伝いをする、しっかりした責任感のある人間に育てようとしていました。しばらくの間、私はこの意見の不一致について「どちらが正しく、どちらが間違っているか」という観点で取り組んでいました。このような観点から意見の不一致を眺めている間は、バーナデットからのあらゆる提案に対し、私は感情的に反応しました。過度な保身に走り、批判的になり、いら立ちを覚えることに多くの時間を費やしたのです。

2人の子育てに関する考え方が異なっていることを、互いに理解し受け入れたときに初めて、私たちはそれぞれの子育てへの取り組み方を一体化させることができました。親としての在り方を共有し、双方の方針の最も良い部分を組み合わせたのです。

ほとんどの場合、自分が信じている真実は単なる個人的な物の見方に過ぎません。これを理解すれば、より健全な人間関係を構築できます。作家であり指導者でもあるスティーブン・コヴィー氏は「まず理解に徹し、そして理解される」との名言を残しています（※21）。

ポジティブに受け止め、責任のなすり合いを回避する

数年前、私が地方空港で飛行機に搭乗しようとしていたときのことです。片手に機内持ち込み用のバッグを持ち、もう一方の手には日刊紙「ロサンゼルス・タイムズ」を持っていました。私は面白そうな特集記事に気付き、着席してから読むのを本当に楽しみにしていました。

自分の座席を見つけ、手に持っていた新聞をそこに置き、頭上の荷物棚に空いているスペースがないかを見回します。そして手荷物を入れ終えたところで、私は座席に置いた新聞がなくなっていることに気付きました。ふと隣の座席の男性に目を向けると、その男性が『タイムズ』を読んでいるのです。

私のムードはすぐに「いら立ちを覚え悩みを抱えている」「批判的で人を非難している」へと落ちていきます。頭の中では「勝手に私の新聞を読むとは、なんてずうずうしい男だ！　しかも、私がまさに今読もうとしていたのに」という言葉がぐるぐると回ります。しかし、私はさらに低い階層である「自己中心的になっている」や「怒りに満ち敵意を抱いている」に落ちる前に自分自身に歯止めをかけました。深呼吸をして、「取るに足らないことを気にするな」と自分に言い聞かせ、席に着くことにしたのです。すると座ったとたん、私の新聞が目に入ります。座席の下の床に落ちていたのです。隣の座席の男性は彼自身の『タイムズ』を読んでいました。

後になって、隣の男性が素晴らしい人だと分かり、搭乗中には私が面白そうだと感じたまさにその記事について楽しい会話を交わしたのです。

証拠が全くない、またはほとんどないときでさえ、人をすぐに責めたり、他人の言動の動機を決めつけたりする私たちの脳の働きは興味深いものです。確かに人は時々過ちを犯します。しかし多くの場合、意図的な悪事――利己的で誠実さに欠け、悪意のある行為――に見えたものが後に誤解だったり、ちょっとした不注意だったり、故意ではないミスだったりすることがあります。私の『タイムズ』に関するエピソードは笑ってしまうような一例ですが、故意だと思い、必要のない非難をしたことにより、離婚や訴訟、キャリアの崩壊、政治的対立、そして戦争にすらつながっていきかねません。

飛行機で私の隣に座った男性のように、非難の矛先となっている人が完全に潔白である場合があります。また、実際に非難の対象となるような行動を取っていたとしても、情状酌量する余地があり、その罪は大幅に軽いものにしか値しないという場合もあります。

私は以前、旅行でヨセミテ国立公園を訪れた熱心な自然保護活動家の話を聞いたことがあります。その活動家がキャンプ場近くの駐車場に車を止めていると、一人の女性がゴミ箱のすぐ横の地面にゴミ袋を捨てたことに気付きました。活動家は無頓着なその女性の行動に激怒し、車から飛び出して、憤りをぶつけるために駆け寄ったのです。しかし、その女性は白杖を持っていました。彼女は目が見えない中で、苦労しながらも立派にゴミ箱を見つけ出したのですが、意図せず捨てるのに失敗しただけだったのです。

私たちをムードエレベーターの「批判的で人を非難している」の階層に向かわせる物事の中で、このように故意ではない過ちに関連しているケースは、どれくらいあるのでしょうか？　高速道路で別の車の前に割り込みながら車線変更をするのは、その車がどれほど近くにいるかに気付いていないからです。作業計画が予定通りに完了しないのは、注文書が郵便物の中に埋もれてしまい、重要な備品の納入が遅れたからです。職場での「迷惑な義理の両親」に関する何げない冗談は、最愛の義父が長期にわたる闘病後に他界したばかりの人にとっては残酷で無神経な言葉になります。しかし、冗談を言った会社の同僚はそのことに気付きません。

人は誰でも、後悔してしまうような言動をした経験があります。下層階の考えにとらわれているときは、なおさらです。私たちが「心配や不安を感じている」「自信が持てず過度な保身に走っている」「ストレスを感じ疲弊している」など下層階のムードでいると、心の知能指数（ＥＱ）の一部が失われます。社交性がなくなり、他者に与える影響に気付かなくなります。重要なのは、「人が犯した過ちの影響を被った人が、過ちの根底にある原因を理解し、その経験を受け流すだけの分別を持てるのか？　それとも、過ちを自分に対する攻撃と受け止め、その小さな誤解を長期にわたって続く悲惨な対立へと発展させるのか？」ということです。

私が出張した際、フライトが遅れに遅れ、ホテルへの到着が深夜になったことがありました。私を迎えたのは、これまで出会った中で最も無愛想で不親切なフロント係でした。フロント係は最初、「予約は受けていません」と断言しましたが、それが誤りだと分かると、私のチェックインを渋々行いました。その間、フロント係は天気やそのホテルがある街、遅くまで仕事しなければならないこと――私にとってはいずれも興味がないこと――について文句を言い続けます。私はチェックインを済ませ、部屋に向かいたいと思っていました。

私が腹を立て、彼に対し「自分の仕事だけに集中してくれ、私を嫌な思いにさせないで」と言うのは簡単でした。しかし、理由は分からないのですが、ほんの少しの同情心が芽生え、ムードエレベーターが少し上の階層に向かい、「寛大で思いやりがある」にたどり着きました。そして、それほど厳しい人生を送っているフロント係を気の毒に思う自分自身に気付いたのです。彼の人生と私の人生を比べ、感謝の気持ちを感じた上、感謝すべき人生を送っていると理解することで、人生をより謳歌することができると思いました。最後には、そのフロント係の大変な一日に共感し、「それは大変でしょう。こんなに遅くまで働かなければならないなんて、私には耐えられません」と伝えたのです。

すると突然、フロント係の態度が好転しました。彼は笑顔で私にルームキーを手渡し、その街での私の滞在がうまくいくようにと言葉をかけてくれたのです。何より重要なのが、この出会いによって私の夜が台無しにならず、むしろムードエレベーターの上層階で過ごそうと努めることによって、人生がより良くなるという好例を示してくれたことでした。

仕切り直し

批判や非難、意見の対立といった困難な状況は、私生活の人間関係のみに生じるわけではありません。多くの会社組織においても同様に起こり得る事態です。そのため、セン・ディレイニー社では、企業研修の一環として、経営陣に対し、社員には前向きな意思があるという前提に立つよう促します。この訓練方法の一つが、「仕切り直し」について考えることです。これは過去に起きた対立や誤解、不信を乗り越え、希望に満ちたより良い未来に向かって進むための方法です。

私たちはまず、経営陣に対し、ムードエレベーターと考えが果たす役割について深く理解させるとともに体験してもらいます。次に、過去に起こったいかなる出来事も、現在では記憶でしかないことを再認識してもらいます。つまり、過去に起こったいかなるあつれきや信用問題も、それを修正することはおそらくほとんどできません。最も健全な道は、そのような過去のしがらみを解放して、人生を有効にし得る原則について新たに理解し、前進するためにどのように連携していくかについて互いに話し合うことなのです。

これを可能にするために経営陣は、社員が各自の視点に基づき異なる物の見方をしているという事実を受け入れるだけでなく、それぞれにポジティブな意思があるという前提を持つ必要があります。結局のところ、他人の言動に対する反応を決めるのは、私たちの前提なのです。以下に例を示しましょう。

・もし人の行動に悪意や他意があるとの前提に立てば、激怒し、報復を企てることも当たり前だと思うだろう。
・もし人の行動が意図的であるとの前提に立てば、腹を立て、言葉や行動で怒りを表すことも当たり前だと思うだろう。
・もし人の行動が重大な過失や無関心によるものとの前提に立てば、厳しく批判することも当たり前だと思うだろう。
・もし人の行動が故意ではないにしろ、より慎重にすべきだったとの前提に立てば、いら立ったり、思い悩んだりすることも当たり前だと思うだろう。

その一方……

・もしその人が情報に疎い上に知識が足りなくても合理的と思える行動を取っただけだとの前提に立てば、寛大で思いやりのある心と共に解決に向けて努力することができる。
・もしその人の振る舞いが下層階のムードによるものだとの前提に立てば、潔く問題に取り組み、問題が自分だけに向けられたとは捉えず、タイミングを見計らって解決することができる。

原因となる過去の行動は変わらないことに気付いてください。変えることができる最も重要なものは、その過去に対する解釈です。私たちの前提がムードエレベーターの全階層における感情――怒り、敵対心、思いやり、称賛など――を生み出します。その選択をするのが、私たちなのです。

仕切り直しをするために、われわれはお互いについて、意識してポジティブに捉えることが必要です。適時適切な考え方で仕切り直しが行われれば、グループ内の人間関係に新たな活力を与えることができます。

仕切り直しという概念は、公私を問わず、あらゆる人間関係の修復において効果を発揮します。過去を修復することはできませんが、過去を断ち切り、仕切り直すことは可能です。仕切り直しは時に壊れた人間関係を修復する唯一の方法になります。

悪意がないことへの気付き——許しへの鍵

過去に受けた痛みや苦しみを断ち切るのは非常に困難です。あなたが不当な扱いを受けたと心から感じているときはなおさらでしょう。たとえ、あなたを傷つけた人が謝罪したとしても、その出来事は頭から離れることがなく、あなたのムードに影響を及ぼすかもしれません。特に、その出来事を思い出させるような何かが起こったときは、その影響が顕著になります。

私が東海岸に出張したときのことです。クライアントとの多忙な一日を迎える前に、穏やかな数分間を過ごすため、私は早朝のランニングに出掛けました。しかし、頭の中には私を不安にさせる何かが渦巻いていました。ある人が以前取った行動について忘れることができずにいたのです。ランニングをしている間、私はその記憶に悩まされ、ランニング時にいつもは得られる安らぎや解放感が訪れませんでした。

そんなとき、ある教会のドアが開いているのが目に入りました。中を見ても誰もいません。そこはひっそりと静まり返り、窓は美しいステンドグラスで彩られていました。私は中に入り、環境を変えることによってムードが変わるかどうかを確かめることにしました。

席に座り、心を落ち着かせ、視線を上に向けました。すると十字架に掛けられた大きなイエス像と、その下に刻まれた「彼らをお赦しください。彼らは自分が何をしているのか分からないのです」という言葉が目に入りました。その日はどういうわけかこの言葉が私の心を打ちました。イエス・キリストが自分を殺めた人間を許すなら、誰がささいな侮辱や恨みにこだわり続けられるでしょうか?

イエス像の下に刻まれたこの言葉は、状況に応じて言い換えることができます。

・彼らをお赦しください。彼らは下層階のムードにいて、質の低い考え方が彼らの行動を引き起こしたのです。

・彼らをお赦しください。彼らは異なる視点で見ているのです。

・彼らをお赦しください。彼らは自分の言動が私にとってはどれほど大事なことなのかを知らなかったのです。

・彼らをお赦しください。彼らは私を傷つけているという自覚がなかったのです。

私たちの考えが心構えや行動パターンを形成していることを理解すると、周りの人には悪意がないことに気付きやすくなります。あらゆる人が自分の考え方に基づいて納得のいく行動を取っていることを忘れないでください。誰かがあなたを傷つけたり、失望させたり、怒らせたりしたとき、その動機が個人的な理由であることはほとんどありません。あなたを意図的に傷つけようとしている可能性は低く、ただ自分の考えに従って行動しているだけなのです。この観点から見れば、その人に悪意はないわけですから、許すことが適切な対応となります。

これは、人の悪行――特に人をだましたり、傷つけたり、道義に反する行為――を見過ごすべきという意味ではありません。第4章では、セン・ディレイニー社がエンロン社に対するコンサルティング契約を断った経緯を説明しましたが、これはエンロン社が断固として経営方針を変えなかったためです。エンロン社の幹部は自分たちの方針が何ひとつ間違っていないと言い、実際にその方針を追求していきました。セン・ディレイニー社の決定は、エンロン社の幹部が悪人であるという非難めいた感情によるものではありません。エンロン社が単に気持ち良く仕事ができる企業ではなかったのです。これは、誰にとっても必要な判断の一種であり、人の悪行に対して怒りや恨みを抱くこととは異なります。

また、あなたが人につけ込まれたり、使われたり、悪用されたりしてもその人を許すべきだと言いたいわけでもありません。ただ、あなた自身の利益のために、できる限り、人に悪意がないことに気付くよう努めるべきなのです。人の行動が意図的ではないと知れば、個人に対する行動だと受け取ることもなく、自分の「軸」を保てるでしょう。心の踏ん張りを維持し、感情的な激しい対応を避け、明確な見通しや洞察力、聡明さによってさまざまな問題に対応できる状況に自分自身を持っていくのです。これを長く続ければ、人生の質が向上し、有意義で満足感の得られる人間関係を構築することができます。

反対に、人に悪意や非道な動機があると思い込み、過去の傷に対する恨みを持ち続けると、あなた自身が苦しむことになります。あなたが傷つき、腹を立てていることを相手は知らず、気にすらしていないかもしれません。一方で、あなたが下層階のムードで多くの時間を過ごせば、あなたの人生の質が悪化するのです。

人に悪意がないと考えることは、家庭やコミュニティー、仕事において、より多くの時間をムードエレベーターの上層階で過ごすための有効な手段になります。

※21　スティーブン・R・コヴィー『The 7 Habits of Highly Effective People: Powerful Lessons in Personal Change』、サイモン＆シュスター社、1989年・2004年／邦訳に『7つの習慣―成功には原則があった！』（キング・ベアー出版、1996年）ほか

第13章 信念と楽観主義を育む

人生で出会うであろう最も素晴らしい人の中には、トラウマになるような事件や人の死に苦しんだことがある人がいると学んだ。私はその人たちの強さに敬服する。そして何より、彼らが人生に対して感謝の気持ちを抱いていることを素晴らしいと思う。社会にいる世間一般の人ほど感謝の気持ちを軽んじることが多いから。

――サーシャ・アゼベドゥ

人生をムードエレベーターの上層階で過ごせるかどうかは、逆境に直面したときにどのように対応するか次第といえます。人生では一見して良くないと思えるような出来事も起こります。そのような出来事をどのように考え、解釈するのか、またどのように対応するのかが、あなたの人生の質を決めるのです。

逆境を乗り越え、より強く、より果敢に生きた人物として、マリリン・ハミルトン氏が挙げられます。ハミルトン氏はカリフォルニア州フレズノで育ち、愛に満ちた家族や美貌（彼女は美人コンテストの優勝者でした）など全てに恵まれていました。また、彼女は一流のアスリートであっただけでなく、冒険心も持ち合わせ、最終的にはオーストラリアに赴き、教壇に立ちました。しかし、運命の日が訪れます。彼女が故郷でハンググライダーをしているとき、ハーネスの肝心な部分がきちんと締められていなかったため、山腹に激突し、目覚めたときには下半身不随になっていました。

ハミルトン氏は「私が大変なことになったって気付いたのはリハビリセンターだったわ。起き上がろうとしたらすぐに横に倒れてしまったの。ぬいぐるみみたいに」と述べています。そして数週間におよぶ理学療法が始まりました。彼女が移動できる唯一の手段は車いすでした。「みんなが私を同情の目で見たわ。まるで私が病気になったかのように。でも私は病気じゃない。私がマリリンであることに変わりないのよ。ただ、この世界を移動する手段が変わっただけ」（※22）。

ただ、ハミルトン氏は、当時入手可能だった最高品質の車いすでさえ、彼女が言うところの「鋼鉄の恐竜」であったことを知り、悩みました。そして、その現状を何とかしようと決意します。彼女はハンググライダー仲間と共に、フレズノのガレージで開業し、空気力学を応用したハンググライダーの器具を使って、全く新しい車いすを設計しました。この車いすは軽量で、素早く動ける上、操作性や柔軟性が高く、利用者の体やそれぞれの障害に応じて調整することが可能です。さらに彼らはピンクやパープルなどの鮮やかな色で塗装し、華やかにしました。そして、ハミルトン氏の新たな車いすをラインストーンで飾り、「クイッキー」というブランド名を付けたのです。ハミルトン氏とその仲間たちは、ハミルトン氏自身の個性を反映した、華やかで魅力的な車いすを開発しただけでなく、障害がある人々の世界を一変させました。

今日では、「クイッキー」ブランドの車いすは世界中で販売され、ハミルトン氏が使っていたオリジナルの車いすの一つが米ワシントン市にあるスミソニアン博物館に展示されています。またハミルトン氏は全米オープンテニスのトーナメント大会やスキー競技などの車いすスポーツで、数え切れないほど多くのメダルを獲得しました。さらに米国のドキュメンタリー番組「シックスティーミニッツ」のようなキー局のテレビ番組で特集されたり、米議会において証言したりしたこともあります。マリア・シュライバー氏が主宰している２００６年の「女性会議」では、ミネルバ賞〔世界の最前線で活躍した女性に贈られる賞〕を受賞し、障害者の代弁者として彼女の名が世の中に知れ渡りました。

ハミルトン氏は次のように述べています。「あなたを形作るのは、人生においてあなたに起こる出来事ではなく、その出来事にどう対応するかです。私は『立つことができなければ、目立とう』という言葉をモットーにしています」。ハミルトン氏は本書における主要テーマ——人生とは、あなたがどう考え、解釈するのかによって決まる——の模範となる人物です。

「正しい結末」を求める

多くの宗教おいて、信者は「請願の祈り」——健康、苦痛からの解放、問題の解決など具体的な成果を求めること——を行うよう教えられます。このような請願の祈りを精神的な生活における重要な要素と見なす人は多くいます。しかし、私は母から「正しい結末」を得るために祈ることを教わりました。要するに、祈りは神が啓示した正しい道筋をたどる——物事を正しく見定め、正しい行いをし、正しいことを言うための知恵を持った上で、私たちができる最高の決断をする——ためのものなのです。この祈りには、人は必ずしも何が最善なのかを知っているとは限らない、という前提があります。実際に、私たちに起こっていることの善し悪しは分からないことが多く、災いだと思ったことが福に転じた出来事のほとんどは、時が教えてくれることです。

東洋にはある昔話があります。その昔話では、働き者の青年が年老いた家族全員を経済的に支えていたのですが、その青年が足の骨を折ってしまいます。生計が成り立たなくなると思われましたが、ある日、皇帝の衛兵らが村に現れ、健康で丈夫な体を持つ若者全てを招集し、遠い地における戦争に送り出しました。その戦争に駆り出された人の多くは生きて帰ることができない運命でした。働き者の青年に起こった一時的な災いは突如として福であったことが分かったのです。

私にも一見災いだと思った出来事が結果的に福に転じた経験があります。

すでに取り上げましたが、私が初めての結婚生活に終止符を打ったことは、それまで起こった出来事の中で最もつらいものでした。しかし、自分を省みたことにより、想像をしのぐ新たな人生へとつながっていきました。私は自分にとって何が本当に大切なのか、私の目的は一体何なのかについて熟考せざるを得なかったのです。そして、小さな3人の子どもの存在――当時、ケビンは7歳、ダリンは5歳、ジェイソンは3歳でした

――を当然のものとして捉えていることに気付きました。子どもと過ごす時間が心から望んだものではなく、義務的なものになっていました。私の見方が新しく、より明確になったおかげで、子どもたちとの距離を縮め、無条件に愛情を注ぐことを私自身の主軸にするようになったのです。

これにより私は、自分の優先順位がゆがみ、無意識に悪癖を持ち、「不健全な常態」〔第4章参照〕となっていた世界から抜け出すことができました。私は自分自身をよく知り、より深い人生の意義を探る旅に出たのです。離婚というつらい経験がなければ、このような考えには至らなかったでしょう。

私にとってこの経験は自分の信念や行動パターンを振り返るきっかけとなり、また、人として成長する可能性を見出すチャンスにもなりました。私自身のキャリアの方向性を見直すようになり、最終的には企業文化構築企業としてセン・ディレイニー社を立ち上げ、私の人生における真の目的を体現したのです。

不都合な出来事や状況に対し、多くの人が「なぜこんなことが起きたのか?」と問いかけます。このように問いかけることはムードを低下させ、「批判的で人を非難している」、さらには「絶望している」へとつながってしまいます。そうではなく、つらい出来事があなたに起こったときには、「何のためにこんなことが起きたのか？」と問いかけてみてください。このような問いかけを行う人はあまりいませんが、この問いはあなたを受動的な被害者ではなく、あなた自身が正しい結末を求める能動的な人になれるよう導いてくれます。そして、ムードエレベーターを上昇させ、好奇心が高まり、機知に富み、楽観主義につながっていくのです。

信念が持つ力

どんなに深刻な問題に直面しようとも、最終的には全てうまくいくと分かっている場合を想像してみてください。また、たとえ親友や家族に傷つけられたとしても、あなたの愛情が勝り、再び親しくなると分かっていたらどうでしょうか？　あるいは、その日が悲惨だと思えたとしても、やがて過ぎ去るという確信を抱いて切り抜けられるとしたら、いかがですか？

ここで伝えたいのは「信念」が持つ力についてです。信念はあなたに希望と知恵を授けます。また取り越し苦労――起こり得るあらゆる災難を思い描き、時間と労力を浪費することーーをしなくて済む可能性が高まります。それどころか、直面しているどんな問題に対しても、建設的な解決法を探るためにエネルギーを注ぐことができるのです。

私の娘が南カリフォルニア大学のビジネススクールに通っていたときのことです。彼女は複雑な数学の授業が自分のキャリアに役立つとは思えないのに、なぜやらなければならないのかと私に尋ねてきました。私は大学の目的に関する持論を次のように彼女に伝えたのです。「確かに数学は学校で学ぶためのものだね。でも、それ以上に、難しく見えて、解くことができないと思える問題を解決する予行演習になり得るんだ。このような経験を繰り返すことで、解決できないように思える問題が現れても、解決できるという信念を養うことができる。大学であろうと人生の荒波であろうと、学ぶことは重要だよ」

信念は以下のようにさまざまな形を取ります。

・自分の才能や能力に対する信念。
・日々の難題という暗闇の中でも道を見つけることができるという信念。
・将来、どんなことが起きようとも対処できるという信念。

・生まれながらにして健全な状態にあり、それを失ったとしても元に戻れるという信念。
・神が存在するという信念、または人を凌駕《りょうが》する知性や力に対する信念。

どのような信念に最も直感的な魅力を感じるかはある意味、問題ではありません。大事なのは、将来に対して希望や自信を抱くことができる何かを信じることです。ここで述べる信念とは、物事がうまくいくことを待ちながら願うような受動的なものではありません。実際には全く正反対で、あなたが持つ全てのエネルギーを注ぎ、創造力を豊かにし、機知に富む考えをもって臨む、非常に能動的なものです。信念は私たちを無気力へと導き得る絶望や失望から遠ざけてくれます。信念を持って生きれば、人生にどんな困難が生じようとも、より多くの選択肢と解決策を見つけることができるのです。

信念は、私が大学生活を切り抜ける際にも重要な役割を果たしました。私が工学部に願書を出した1950年代後半は、ロシアが世界初の人工衛星である「スプートニク1号」を宇宙に打ち上げ、科学や工業分野において優秀な人材を獲得するための国際的な競争が活発化した直後でした。カリフォルニア大学ロサンゼルス校（ＵＣＬＡ）などの大学では、工学部への出願が殺到しました。UCLAは極めて高い入学基準を設けましたが、それをクリアした新入生でもなお、3分の2は授業についていけず、落第せざるを得ない状況でした。私は地元の小さな高校でトップクラスの成績を収めていましたが、ずばぬけて頭の良いUCLAのクラスメートの中では、自分が落ちこぼれの一人のように感じられました。

私が今でも覚えているのは、大学構内にあるロイス・ホールのベルとともに毎日正午から始まる微積分学の授業です。ある日、その不気味なベルの音が鳴りやむとすぐ、厳格な年配の教授が私に対し複雑な問題を黒板で解くように指示しました。「セン、宿題で出した問題3を解きなさい」。私がその難しい問題に苦戦している間、教授は私のすぐ横に立っていました。そして時折、私の計算式を消し、嫌悪感と哀れみを込めて首を横に振るのです。数分後、私は教授に止められ、専攻を変えるか、単位をあきらめるかを検討するようにと言われました。

その週末、私は実家に帰り、母にUCLAでやっていけそうにないことを伝えました。ありがたいことに、母は絶望感に屈しそうになる私を見捨てず、代わりに私を座らせ、大きな励ましとともに私を認める言葉をかけてくれたのです。母は私には学業や人生で成功を収めるために必要な天賦の才能があると言ってくれました。「私は完璧で文句の付けようがなく、才能のある人間として生まれたのだ」と信じるしかありませんでした。母は最後に聖書の一節を言い換えて「からし種ほどの信念があれば、山を動かせる」と教えてくれました。

その後、私はそのからし種が、非常に小さな種から9フィート（2・74メートル）の高さにまで成長する一年草のクロガラシだったことを知りました。そして、そんなに小さな存在からこれほど大きく成長するものがあるのなら、私もこれまで味わってきた不甲斐ない大学生活を成功へと転換させることができるかもしれないと思ったのです。

母はまた「あなたの足を止めるのはあなたの考え方だけだ」と教えてくれました。そしてジェームズ・アレン氏の著書『As a man thinketh』〔邦訳に『「原因」と「結果」の法則』〕を与えてくれたのです。1902年に出版されたこの本の始まりは次の通りです。

心は創造の達人だ。そして人は心そのものだ。人は常に思考という道具を用い、自分の望みを形にしながら、無数の喜びと無数の苦しみを創り出す。心の中で考えたことが具現化するのだ。環境は自分自身を映す鏡にすぎない（※22）。

私はアレン氏のこの本を、何年も肌身離さず持ち歩きました。この本に掲載されている価値ある概念を少し紹介します。

・全ての行動と感情は、考えから生まれる。
・正しい考え方は、自分自身に言葉をかけることから始まる。
・環境が人をつくるのではない。環境によって自分自身が明らかになるだけだ。

本書に書いてある内容を見れば、私自身の人生に対するアプローチには、ジェームズ・アレン氏の考え方が生涯にわたって影響を及ぼしていることが分かると思います。

私は工学部を卒業しましたが、後に本当にやりたかったのは工学ではなく、人を相手にする仕事だと気付きました。卒業後はＭＢＡ（経営学修士）コースに進み、ビジネス上の問題に関するケーススタディの解決に傾倒して、コンサルティング業界でキャリアを構築していきたいと思うようになったのです。

信念が持つ本当の意味

信念や希望、楽観主義に満ちた人生を送るために私が推奨している方法について明確にしておきましょう。私が推奨するのは「ポジティブな考えが持つ力」に関することではありません。私たちが乗るムードエレベーターは上下に動いているため、常にポジティブな考えを持つことはできないのです。私たちにできることは、自分の考え方の質を測る指標として、自分の感情に注意を向けることです。これを行なうことで、私たちはネガティブな考えをより軽く受け止め、深刻にならずにいられるようになります。その結果、ネガティブな考えの影響力が低下し、私たちはより良い対応ができるのです。

私は何も考えずに楽観的でいることを支持しているわけではありません。イスラム教の神秘主義修行者スーフィーの格言として「神を信じなさい。ただしラクダは縛っておきなさい」という言葉があります。言い換えれば「信念や希望を持ちなさい。ただし同時に現実的に考え、不測の事態に備え、心構えを持ち、積極性や責任感と共に生きなさい」ということになります。

私はまた、熱狂や抑えの利かない興奮によって浮かれてしまうことはお勧めしません。ムードエレベーターが下層階にいるときに決断を下さないことが最善であるのと同様に、精神的に過度に活動的になり興奮状態にあるときに、決断しないことも重要なのです。興奮状態で決断を下してしまうと、例えばラスベガスで衝動的に結婚してうまくいかなくなったり、休暇中でリラックスしている際に価値のないタイムシェア〔リゾートマンションなどの部屋を1週間単位で購入する不動産所有権〕を買ったりしてしまうような恐れがあるのです。

奇妙に見えるかもしれませんが、熱狂して羽目を外す行為は、心配や怒りと同様に、私たちの考え方を曇らせます。いずれも受け入れざるを得ないと思われる強烈な感情であり、その感情とともに上がってくる内なる大きな声によって、自分がその場で取りたい行動を正当化してしまうのです。高揚感や熱狂などの感情と、感謝や聡明さ、創造力などにつながるムードエレベーターの上層階におけるムードとを混同しないでください。信念や希望、真の楽観主義は、落ち着いた精神状態から生まれ、穏やかな感情をもたらすものなのです。

信念や希望以上に私たちの人生における経験を高めるものはほとんど存在しません。私たちは皆、それぞれの人生において困難な状況や厄介な人々に遭遇します。最も健康的で、かつストレスの小さい対処法は、信念や希望を測る正しい尺度を持つことです。あなたの信念がいつ、どこで生まれようとも――それが最もつらい時期に生まれたものであっても――その信念を育て、大事にしてください。そうすることが、あなたに良い影響をもたらすでしょうから。

※**22** マリリン・ハミルトンによるスピーチ、女性会議（カリフォルニア州ロングビーチ、２００６年９月26日）において

※**23** ジェームズ・アレン『As a Man Thinketh』、プロジェクト・グーテンベルク、https://www.gutenberg.org/files/4507/4507-h/4507-h.htm／邦訳に『「原因」と「結果」の法則』（サンマーク出版、２００３年）

第14章 下層階で過ごす日々への対応

幸せとは問題がないことではない――問題に対応できる力があることだ。

――スティーブ・マラボリ

本書の主要な目的は、ムードエレベーターの上層階で過ごす時間を増やすための秘訣や指針を提供することです。しかし、私たちは皆、一定の時間を下層階で過ごします。日常生活において下層階のムードになるのは自然であり、珍しいことではありません。そのため、あなたの気持ちが落ち込んだときにあなた自身や他人へのダメージを減らすことを本書のもう一つの目標としました。

私たちは感じることができる存在であり、考えや感情という力を持つことによって知性を高めることができます。このおかげで、私たちは未来を想像し、まだ見ぬ出来事に対し計画を立て、可能性について考えを巡らせ、私たちの内面や周囲で起こるあらゆる出来事を分析したり、解釈したりすることができるのです。人類は考えを持つことによって、ポリオの根絶や不朽のクラシック音楽の創出、月面着陸などを実現させてきました。

私たちはまた、考えから派生する想像の力によって、現実の、または想像上の問題について過度に心配したり、必要のない絶望状態に陥ったりします。人の真意を憶測することで妄想が膨らみ、自己中心的になったり、批判的になったり、怒りや憤怒が発作的に込み上げてきたりするのです。どんなに本書の原則を理解していても、あなたの考えは時折、あなたをムードエレベーターの下層階に連れていきます。だからこそ、「下層階で上手に過ごす技術」を身に付ける必要があるのです。

信頼性を欠く下層階での考え方

あなたは友人や家族に対し、その場の勢いで放った言葉を後から取り消したいと思ったことはありませんか？　または、電子メールの送信ボタンを押した後に、とんでもない思い違いをしていたと気付いたことはありませんか？　もし覚えがあれば、そのときの状況を思い返してみてください。このようなとき、あなたのムードエレベーターはどの階層にありましたか？　おそらく下階層のいずれかにあったのではないでしょうか。

この二つの事例によって示されている、下層階での日々にうまく対応するための最も重要な原則とは、「下層階のムードでいるときの考え方は信頼性に欠くため、そのときに浮かんだ考えを信用せず、すぐに行動しないよう心掛ける」ということです。自分の考え方を信用して行動を起こす前に、自分の考え方自体を疑い、疑問を投げ掛けるのです。

受け取った電子メールによって私をいら立ちや不安、怒りといった状態に陥れるような「ボタン」が押されたとしても、返信を書くかもしれません。しかし、送信は押さずに下書きとして保存するでしょう。そして数時間、あるいは丸一日、時間を空けるのです。私が再び返信を読み返すときには、ムードエレベーターは大抵、別の階層に移っているので、返信に込められた私の考え方に欠陥があった場合、気付くことができます。私はその下書きを削除して始めから書き直すときもあれば、入念に編集し、返信に込められていた私のいら立ちや批判を取り除いてから、最後に送信を押すときもあります。

下層階のムードにあるときに家族に対して言い放ってしまう言葉については、電子メールよりもコントロールが幾分難しくなります。このケースでは私たちに助け舟を出してくれるテクノロジーはありません。それどころか、考え方の質が低く、ストレスを感じているときに人を傷つける言動を避けるよう、コミュニケーションの方法に細心の注意を払う必要があります。

バーナデットと私が結ばれた1970年代は、「ヒューマン・ポテンシャル・ムーブメント（人間性回復運動）」（人の「人間性」や「潜在能力」を引き出し、真の自己実現を達成しようとする運動。1960年代に誕生し、米国を中心に広がった）の時代でした。当時の人間関係構築における一般的な考え方は、「包み隠さず全て正直に話そう」「何も言わずにベッドに入るな」という言葉に集約されていました。その結果、私たちは深夜まで続く不毛な争いを数回経験しました。今振り返れば、大抵が時間と労力をかける価値のない争いでした。

私たちの気持ちがどのように動くのかについて互いに理解し始めたころ、バーナデットが「どちらかのムードエレベーターが下層階にいるときには、人間関係に関する重要な問題について取り組まないようにする」という新たな基本ルールを提案してきました。このルールの効果は非常に素晴らしく、私たちはこのおかげで今日でも互いに円満で、愛し合い、尊重し合う関係にあります。私たちはもちろん重要な問題に取り組み、誠実に対応します。しかし、私たちがそれを行うのは互いに上層階のムードにいるときのみなのです。

この基本ルールにどのように従い、実践していけばいいのか分からなければ、次のような私たちの会話を参考にしてください。

ラリー「思い悩んでいるようだね。何か話したいことある？」

バーナデット「いいえ、今はやめておく。考えがはっきりしていないの。聞いてほしくなったら、後で私から伝えるわ」

バーナデットは、数時間、時には丸一日、時間を空け、自分のムードエレベーターが上層階にあるときに問題に対してどのように感じるのかを確かめます。質の高い考え方に照らせば、その問題が簡単に解消されるということが分かるかもしれません。あるいは私に話を聞いてほしいと思うかもしれません。そうなればほとんど場合、「ところで」などと話を切り替えながら、いともたやすく問題に対処できるのです。

正直に言うと、最初は私たちの間に感情的な波が全く立たなくなったことに驚きました。しかし今では、このルールの実践が、愛情にあふれ支え合う関係性につながり、他の夫婦が陥りがちな言い争いや口げんかを遠ざけているのです。

下層階のムードでは「安全運転」を心掛ける

第6章で述べたように、ティーンエージャーの息子ローガンはどういうわけかこの概念をとりわけよく理解しています。生まれながらにして穏やかな心の持ち主だからかもしれません。しかし、ローガンも宿題に追われたり、嫌な1日を過ごしたりすると、私たちと同様に感情の制御が利かなくなることがあります。そのようなときは、ローガンは私たちにこう言います。「一人にさせて。そして今は僕に話しかけないでほしいんだ。どちらにしろ聞く耳を持っていないし、言うつもりのないことを言ってしまうかもしれないから。自分の部屋にいるね。本当の自分を取り戻せたら、部屋から出てくるよ」。下層階のムードに対して、このように取り組むことで恩恵を受けられる大人は多いでしょう。

センン・ディレイニー社のコンサルタントの一人が思いついた「下層階での上手な過ごし方」を示す良い例え話があります。非常に暗くて寒く、雪が舞う夜に、凍った道路で車を運転しなければならない状況を想像してみてください。あなたはゆっくりと運転し、そっと曲がり、他の自動車や道路にあるさまざまな物と十分な距離を取るでしょう。

あなたが下層階のムードで身動きが取れないときには、人とのコミュニケーションに雪道での安全運転と同じ警戒心を当てはめるのです。あなたの直感が間違っていることを忘れないでください。直感に基づく率直な考えを誰かに伝えたり、人生に関する重要な決断をしたり、深刻な問題に取り組んだりするタイミングではないのです。ムードエレベーターが上昇階へと再浮上し、「健全な常態」（第4章参照）になるまで待ってください。そうすれば、はるかに簡単かつ迅速に、そして苦痛を感じずに問題に対応できることが分かるはずです。

「ムードエレベーターを指針として活用し、下層階での考えや落ち込んだときの衝動によって行動しないこと」は重要な原則の一つであり、あなた自身だけでなく、他人へのダメージを減らすことにつながります。

第15章 人間関係とムードエレベーター

物事は、成り行きの中で最善を尽くす人に最善の形となる。

——作者不詳

これまで見てきたように、本書で取り上げた多くの概念——「宥和的選択」〔第8章参照〕やそれぞれの世界を尊重すること、悪意がないことへの気付きなど——は、職場や家族とのより良い人間関係を育むために用いられます。そして人間関係の構築において、ムードエレベーターほど有用なものはありません。なぜなら、他人や世界とのつながりは、ムードエレベーターのアップダウンをいかに上手く乗りこなせるかにかかっているからです。

気持ちが落ち込んでいるとき、私たちは孤独を感じ、取り残された印象を受けます。そして人と心を通わせたり、人を支えたりすることを嫌がりがちです。また私たちが下層階のムードにいるときには、人の言動がより気に障るようになります。他人に対して批判的になったり、他人の言動の裏に隠れた動機があるのではないかと疑ったりしてしまいます。互いを支え、協力し合う人間関係を育もうとするときに、いら立ちや悩み、批判、怒りを抱えた状態でいることは適していません。

一方、ムードエレベーターの上層階にいるときは話が全く異なります。健全な心の状態と健全な人間関係は関連しているからです。

東洋哲学には「カルマをきれいに保つ」という概念があります。私はこの概念を「友人を増やし、敵をつくらないよう力を尽くしなさい。そうすればなぜか人生が好転していく」と解釈しています。

ビジネスの世界では、コラボレーションやチームワークの重要性がよく話題に上ります。しかし、あまりにも多くの組織において、対立につながる考え方や信用問題、他部署との連携欠如、管理部門と現場組織との不和など、さまざまな機能不全が見受けられます。

人間関係の問題は、もちろん家庭内にも存在します。数え切れないほど多くの夫婦や家族が愛し合い、支え合っている一方で、機能不全に陥っている家族も無数に存在します。ちょっとしたことがきっかけで何年も、時には何十年も互いを許さずにいる兄弟や、厄介者と見なされた義父母、常に言い争っている夫婦なども見られます。

人間関係がムードエレベーターとどのように関係しているのかを理解するのは簡単です。下層階にいる時間が長く、怒っていたり、悩みを抱えていたり、批判したり、自己中心的になったり、絶望したりする人の近くに誰がいたいと思うでしょうか？

その一方、多くの時間を上層階で過ごし、希望にあふれ、人を称賛し、楽観的で、思いやりのある人と共に過ごすと、元気づけられませんか？　いら立ってばかりいる人よりも、ユーモアのある人と一緒にいたいと思いませんか？

人が上層階のムードにいるときは、家族やコミュニティー、社会貢献などにおいて、より高い目標に向かって最大限の努力をするようになります。一方、下層階のムードのときは、「自分のことばかり」になってしまいます。公私において人が守るべき道義を大切にすることが、いかに健全で持続可能な人間関係につながるかを理解するのは簡単でしょう。

他人に興味や関心を持ち、私利私欲を捨て、「Ｗｉｎ‐Ｗｉｎ」の考え方を進んで取り入れれば、強固な人間関係を育むことができます。一方で、「自分のことばかり」になり、「Win-Lose」というレンズを通して世界を眺めている限り、人間関係を苦痛に感じるようになるでしょう。

運の要素

人間関係を構築する技術は、より充実して成功した人生への基盤となります。私が数年前に読んだリチャード・ワイズマン氏の著書『The Luck Factor: The Four Essential Principles』〔邦訳に『運のいい人の法則』〕では、運に関する理論が述べられています。私が最も共感した理論は、幸運な人々は支え合う人間関係に基づく、広範で強固なネットワークを持っているというものでした。

私は、ある女性が全く想像していなかった理想の仕事に就いた話を思い出しました。仕事の出所をたどると、その女性は支えになってくれる人々とのネットワークを築いていて、彼女が仕事を求めたときに、そのネットワークが顕在化したことが分かりました。このネットワークのおかげで、彼女の評判は高まり、推薦状は説得力を持ち、また、知り合いが就職先の人を知っていたため、彼女が知らないところで支えてくれていたのです。

そうなると、「運」とは、何の理由もなく舞い込んでくるような偶然のものではなく、健全な人間関係からの副産物だといえます。ムードエレベーターを上手に操ることができる人は、そうでない人に比べ、はるかに多くの人脈と支援の輪を手に入れることが可能です。そのため、人生がうまくいっているように見え、人よりも「運がいい」とさえ思われるのです。

良い人間関係を築くためには、自分の感情を指針としましょう。人に対する思いやりや共感、愛情、優しさという感情を求め、育むのです。しかし、私たちの身近な人に対してこれを実践することこそ、最も難しい場合があります。なぜなら身近な人ほど私たちの下層階行きボタンを押してしまいがちだからです。

家族に自己本位な考えはなく、善意に満ちあふれ、純粋であるという前提をきちんと認識しましょう。そして家族に傷つけられたり、失望したりすることが何度あったとしても、許すという覚悟を持つのです。他人の、特に家族の癖を受け入れ、それぞれ異なる世界があるという真実を尊重することが、健全で愛情に満ちた人間関係への秘訣の一つです。

多くの人が、人生の大半を両親や子ども、友人、同僚などと過ごします。ムードエレベーターの上層階で過ごす時間を増やす方法を理解することにより、私たちの、そして私たちの周りにいる人々の人生の質ははるかに改善するのです。

第16章　ムードエレベーターに乗るための指針

人生における幸せは、考えの質によって決まる。

――マルクス・アウレリウス

ムードエレベーターの上層階で過ごし、最高の状態で暮らす人生には、二つの大前提があります。

人生ではさまざまなことが起こります。そして、それはいつも素敵なこととは限りません。しかし、私たちは考えを通じ、自分が望む人生をつくり上げることができます。ムードエレベーターの上層階で過ごす人生の一つ目の前提は、人生で経験することは考え方一つで変化すると知り、私たちには自分が望むように人生を導く力があると理解することです。

二つ目の前提は、私たちは生まれながらにして健全であるということです。この前提は、私たちが考えや感情を通じて人生を経験するために与えられた、あらゆる能力について当てはまります。生まれながらにして健全であるということは、愛情にあふれ、好奇心が強く、聡明であることが私たちのありのままの姿であるという事実を内包しています。この前提は神から与えられた本質的な特性ともいえるでしょう。私たちの生まれながらの健全さを表しているのが、ムードエレベーターの全ての上層階なのです。

私たちは皆、長い時間をかけて考え方の癖を身に付け、「不健全な常態」となり、ありのままの姿から遠ざかってしまいます。これを避けることはできません。なぜなら、私たちの考えは感情を誘発するだけではなく、刻一刻と変化し、多くの物事に影響されやすいからです。

しかし本書で紹介した教えは、あなたが生まれながらの健全な状態――かねてからあなたのコアに存在している本来あるべき姿――に戻ることを目的としています。ある意味、生まれながらの健全な状態への戻り方以外は、学ぶ必要がないのです。ただ、そのためには考えが果たす役割と、それが生み出す感情について理解することが必要です。あなたなりのムードエレベーターの乗り方は、あなただけが会得できるものなのです。最初は赤ん坊のようなよちよち歩きから始め、歩き方を学んでいくように。

ムードエレベーターの乗り方を学ぶために、本書の指針はあなたの助けになるでしょう。

・あなたのコアには生まれながらの健全さが存在し、最高の状態になる能力があることを理解しましょう。これは非常に心強い考えであり、不安や心配を抱いた際によりどころとなります〔第3章〕
・人間である以上、あなたはムードエレベーターに乗っていて、あらゆる階層を訪れることを理解しましょう〔第1章〕
・あなたのムードエレベーターが下層階にあることを知る指標として、感情に目を向けましょう。ムードエレベーターを毎日思い起こすようにしてください〔第4章〕
・「不健全な常態」での考え方や思考パターンに伴って起こる感情を認識してください。そして、その感情を警鐘としましょう〔第4章〕
・考え方や感情を切り替えるために、「パターン介入」を活用しましょう〔第6章〕
・あなたのムードエレベーターが下層階に向かうような考えにではなく、あなたが好む考えに「餌」を与えましょう〔第7章〕

・「……しなければならない」や「……が私のやり方だ」などとは言わず、「宥和的選択」をしましょう〔第8章〕

・これまで以上に自分の健康を大切にします。そして運動や睡眠、休息とともに「限界突破と回復」の概念を忘れないようにしましょう〔第9章〕

・心を静め、「今を大事に」するために、深呼吸をして、自分自身を見つめるエクササイズを行いましょう〔第10章〕

・「感謝する視点」を持ち続けましょう。恩恵を受けている日々を大切にして、人生そのものに感謝してください〔第11章〕

・私たちは皆、それぞれの異なる世界を生きていることを認識して、尊重しましょう。人の視点を素早く理解し、すぐに非難したり批判したりすることを避けましょう〔第12章〕

・下層階での考え方は信頼できないため、下層階にいるときには、重要な話し合いや決定を先送りにすることを忘れないようにしてください。信頼できない考え方を基に行動したり、下層階のムードを周囲にまき散らしたりすることは避けましょう〔第14章〕

・天気が移り変わるように、下層階で過ごす時間も必ず過ぎ去るという信念を持ちましょう。空にある太陽を雲が隠したとしても、いずれ雲は流れていきます。下層階のムードは雲と同じです〔第14章〕

私が子どものころに受け取った最高の贈り物は、「あなたは生まれながらにして愛情深く、賢くて、能力が高いのよ」という母からの言葉でした。言い換えれば、私は全てが満たされた完全な状態で生まれたということであり、これに疑問を感じているとしたら、私の思い違いでしかないということです。私はこの母の言葉を人につないでいくことを自分の目標としています。

本書に書かれた概念があなたの手掛かりとなり、あなたの人生において、より多くの愛情や喜び、安らぎ、ひらめき、満足感、そして成功をつくり出す道が開けていくことを心から願っています。

謝辞

私は、ここで名前を挙げ切ることができないほど、多くの人に助けられてきました。私がムードエレベーターの上層階に居続けられたのも、ムードエレベーターの根底となる原則を理解できたのも、ムードエレベーターの利用法に人生の教訓を盛り込むことができたのも彼らのおかげです。

理解することができた元をたどるとしたら、まずは母（私たちは皆、ナナと呼んでいます）に感謝しなければなりません。母は、私がとても幼いころから、ムードエレベーターの上層階における感情——愛情や自信、聡明さなど——は生まれたときから備わっている神様からの贈り物であり、自分の間違った考え方のみがそれらを遠ざけると繰り返し教えてくれました。

5人の素晴らしい子どもたち（ケビン、ダリン、ジェイソン、ケンドラ、ローガン）を育てたことからも、過去50年間の中で最高の人生の教訓を得ました。子どもの視点を通して、無条件の愛や思いやり、自己を超越した目標、今を生きることの大切さ、人生の喜びなどを、彼らは継続的に私に教えてくれました。

私の友であり、良きパートナーであり、ムードエレベーターの根底となる概念を習得する上で道標となってくれたのが私の妻、バーナデットです。彼女は私以上にムードエレベーターの概念を理解し、日々の生活の中で私がその概念を実践することを助けてくれました。

バーナデットとポール・ナカイ氏は、ムードエレベーターの基礎となる三つの原則の生みの親、シドニー・バンクス氏を紹介してくれました。また、これらの原則を私とセン・ディレイニー社に初めて教えてくれた、プランスキー・アンド・アソシエイツのジョージ・プランスキーとリンダ・プランスキーの夫妻も紹介してくれました。

本書を編集し磨きをかけてくれた最高の作家兼編集者カール・ウェーバー氏とベレット・ケーラー社のニール・マレット氏にも感謝いたします。彼らは書籍出版において最高のパートナーだったと確信しています。

本書が生まれた経緯

謝辞では本書に影響を与えた人々を取り上げましたが、「本書のコンセプトがどこから来たのか」や「数々の人々がどのような役割を果たしたか」については言及していません。これらの話に興味がある人のためにこの項を設けました。

本書に取り上げられている概念の多くは、私が人生という学校を通じて得たものです。つまり、私の個人的な経験について熟考することによって、さらには、セン・ディレイニー社が世界中のクライアントに対して行っている企業文化構築という仕事を通じて、学んできたものです。また、メンタルヘルス分野における非常に革新的な先人たちが、初めて発見、説明した概念を私なりに勉強し、解釈したものもあります。

約20年前、私の友人ポール・ナカイ氏は、私と私の妻にシドニー・バンクスという名の紳士（第4章で言及した男性です）の講義に出席してほしいと依頼してきました。シドは本書のコンセプトの核を成す原則の発案者だと私は考えています。彼は純然たる職人でしたが、ある日、突然のひらめきを得ました。人生における全ての経験が考え方の結果であるということに気付いたのです。シドは、人間には考える力が与えられ、その力を通じて人生を経験すること、また、人間が主に感情や意識を通じて人生を経験することに気付きました。

シドはこの深淵な気付きを伝える上で、人の心を大きく動かすシンプルな方法を持っていました。そしてシドは人々を魅了し始めたのです。私と私の妻は、彼がカリフォルニア大学バークレー校のキャンパスで開催した1日限りのプレゼンテーションに参加しました。そのプレゼンテーションはちょうど2時間ずつ二つの講義に分かれ、講義の間には十分な休憩時間が設けられていました。シドはその講義において、椅子に深く腰掛け、三つの原則――心、意識、考え――について説いたのです。私たちはシドのアイデアを完全には自分のものにすることができませんでしたが（それどころか、多くは理解すらできませんでしたが）、講義を受けた後には、間違いなく人生に対する見方が変わっていました。そして明らかな変化を感じ取ったのです。それから数週間後、私たちの人生は改善していきました。より忍耐強く、寛容さを持ち、穏やかで、愛情あふれるようになり、人生が好転していく感じがしました。

三つの原則を深く理解している人々は、家族などの愛する人たちとの関係が改善し、創造力が高まり、心が穏やかになり、新たな見識が広がり、素晴らしいキャリアを構築し、人生に対する感謝の気持ちがより膨らんでいく――この事実に私たちは感銘を受けました。

当時、セン・ディレイニー社の研修企画部門を含めた人事部の責任者であったバーナデットは、シドのメッセージに含まれたいくつかの概念が、顧客に対して行っている私たちの業務の助けになると結論付けました。セン・ディレイニー社の目標は以前から健全で優れたパフォーマンスを得られるチームカルチャーや企業文化を育てることでした。この目標に向けた重要な業務の一つが、人生を効果的に過ごすために必要な価値観や原則と顧客とを結び付けるために実施しているセミナーです。バーナデットは、セミナーという手段によって、人々をその人本来の最高の状態にすることができるかもしれないと考えたのです。

私たちはほぼ同時期に、もう一人の医療専門家であるジョージ・S・プランスキー博士を紹介されました。ジョージはシドのメッセージに興味を持つようになり、サンフランシスコ・ベイエリアで行っていた精神分析医としての伝統的な治療をやめ、シアトル市北部の小さな町に移住し、住人一人一人がシドの概念を理解することを支援するメンタルヘルス業を始めました。

私とバーナデットがシドの原則を教えられるようになるためには、その原則を私たち自身が身に付けなければなりません。そのため、私たちはジョージと共に1週間を過ごし、何が学べるのかを確かめることにしました。興味深いことに、ジョージは精神疾患に対するものではなく、健康な人に対する療法を開発していました。ほとんどの心理療法は患者に対して行いますが、ジョージが開発した療法の目標——つまり、同様に私たちとっての目標——は、世界的に見てすでに成功している人々を魅了し、そのような人々がより効果的で、充実した生活を送れるよう支援することでした。

私は「何が私自身をより効果的にするのか」ということについて考え始めました。人生経験を豊かにするものは何でしょうか？　当時は多くのことが非常に順調でした。セン・ディレイニー社は成功していて、子どもたちも元気でした。バーナデットとの関係も完ぺきではないものの、非常に良好で年を追うごとに良くなっていました。

しかし考えてみると、私の人生の質と有効性を損なう可能性は確かに存在しました。気付いたことの一つは私が過敏になり過ぎるきらいがあるということでした。私は仕事だけではなく、ほぼ全てのことを深刻に受け取り過ぎていました。心にゆとりがなく、ムードエレベーターで言う「いら立ちを覚え悩みを抱えている」の階層にいたのです。

私が1週間以上の休暇を取り、心を穏やかにする時間を持ったときには、人生における全く別の側面を垣間見ることができました。例えば、人や自然により感謝したり、「今を大事に」する瞬間が増えたり、より良い聞き手になったり、より大きな安心感を得たりしました。しかし、このような時間は例外的で、あっという間に過ぎ去っていくものです。結果的に、私は常に最高の聞き手でいることができず、急いで前に進めるために人の話を遮ることが多かったのです。こうしたことこそ、私が取り組むべきものでした。

今では理解していますが、私が取り組むべきだと気付いた人生のもう一つの側面は心配性です。抗し難く、疲弊する原因となっていました。私の人生は非常にうまくいっていたのですが、それにもかかわらず、不安が心を占める傾向が多分にあったのです。

不安は、私たちが自分自身の考えを通じてどのように生きているのかを知る上で、最適なトピックとなりました。私たちがある事柄に対して不安を抱き、シナリオを創作し始めると、まるでその事柄が実際に起こったかのように感じます。実際には起こっていないにもかかわらず、その事柄に関する身体的、精神的、感情的影響を受けてしまうのです。

実際には、私たちの心配事はほとんどが現実には起こらず、また起こったとしても心の中で思い描いたほど重大であることはめったにありません。そう考えて私は、結局起こりもしない事柄について心配することがなければ、人生の質をより向上させられる、と考えるに至ったのです。あなたもこのように熟考してみることを強くお勧めします。

ジョージ・プランスキー氏と過ごした時間は非常に有益でした。度を超えた熱意や心配性が私の習慣の大部分を占め、私がそのことに気付いていなかったことを教えてくれました。気付いていない以上、対処することもできません。私はこの新たな見解を手に入れたことで、より平穏な心と感情を大事にすると決めました。度を超えた熱意や心配性はむしろ警鐘となり、不健全な考えに至る悪癖が大幅に減ったのです。

私は考えが果たす役割について引き続き理解を深め、ジョージから学んだ原則を自分の生活に取り入れたことにより、今日では度を超えた熱意や心配性からはるかに遠ざかり、非常に平穏な生活を送れていることをうれしく思います。私は心配に伴う感情に対して敏感になることができたため、ムードエレベーターでそうした階層に向かったときの感情を認識できるようになりました。私が心配から抜け出すために必要なのは、例えば「また始まった」と語りかけるような、自分自身に対するシンプルかつ穏やかな警告です。このような警告は、結果への責任を負うことが重要で、頭の中でくだらない物語を描く必要はないということを思い出させてくれます。

ジョージからの教えに加え、その後に学んだことが相まって、私と妻の関係は想像以上のものになりました。絶えず新鮮で、愛情にあふれ、支え合い、寛容で、ストレスなく、情熱的で、驚くほど平和な関係になったのです。

しかし、私が受け取った最高の贈り物は、これらの概念が5人の子どもたちにも影響を与えたことかもしれません。この贈り物を得た経験と、あらゆる人が最高の状態で人生を送れるよう支援したいという願いがムードエレベーターというツールの開発につながり、ムードエレベーターに意識的に乗るための秘訣を見出すことになったのです。

この有意義な経験は、私にとって、これまで学んできた原則を人生にどのように適用するのかをより深く理解する指針となりました。そして、世界中の企業の幹部に対して行うセン・ディレイニー社の業務に、その原則を組み込む道へとつながったのです。ムードエレベーターとその上手な乗り方について、人々の理解を促す方法を見つけ出すために、企業幹部へのコーチングやセミナーでは、試行錯誤の数年間を必要としました。さらに数年間をかけて、ムードを思いのままに操る方法を研究し、本書の執筆に至ったのです。今日、ムードエレベーターは私たちの企業セミナーの礎となっているだけでなく、私たちが企業文化構築の一端を担う個人レベルの自己改革セッションにおいても、なくてはならないものとなっています。

米国の「フォーチュン500」(『フォーチュン』誌が発表する全米企業総収入ランキング)に採用された100社を超える企業、そして「グローバル1000」に採用された数十もの企業に対するセミナーにおいて、ムードエレベーターは各社の社員(CEOから第一線の営業マンまで)に受け入れられてきました。また大学や病院、市や州の政府のような主要機関もムードエレベーターの概念を大いに受け入れています。あらゆる国、言語、地位の人々がムードエレベーターを容易に受け入れ、自分の人生を高める指針として使っているのです。

私たちはムードエレベーターの原則を人に伝えるシンプルで良識のある方法を考案しました。そして、ムードエレベーターのとても簡単な乗り方についての実践的な指針を提案しています。また私たちのムードに影響を及ぼし得る(または実際に及ぼす)事象に関して、大規模な知識体系も開発しています。これらの指針を用いる人は、ストレスが減る一方で、成功する機会が増え、最高の状態で人生を送る頻度が高くなったと述べています。本書は、私たちのセミナーを通じてムードエレベーターの概念に精通した人に対し、さらに深く理解してもらうためだけではなく、ムードエレベーターをより多くの人に紹介することを目的としています。

著者について

ラリー・セン博士は父であり、祖父であり、夫であり、作家であり、CEOたちの指導者であり、健康マニアです。また企業文化を構築する会社として世界で最も古く、最も実績豊富で、最も成功したセン・ディレイニー社（ハイドリック&ストラグルズ社の子会社）の創業者であり、会長でもあります。

セン博士は業界誌において「企業文化の父」と呼ばれています。セン博士は従来型のコンサルティング企業での経験を受け、機能不全に陥っている家族のような企業が多過ぎるという結論に至りました。どんなに素晴らしい組織であっても、従業員の何げない習慣が組織の士気とパフォーマンスを両方とも悪化させるということに気付いたのです。このような悪い習慣が原因となり、組織は仕事をする上で充実した場所ではなくなり、結果を出すことを必要以上に難しくさせていました。

この気付きにより、セン博士は企業文化という概念に関する史上初の研究を行い、博士論文の一部として1970年に公表しました。この研究は、人の人生やチームの有効性、組織の士気とパフォーマンスを向上させる方法を見つけるという個人的な構想につながりました。そして、この構想がセン・ディレイニー社の設立に至ったのです。

組織を変化させるには個人を変化させることが必要です。そのため、個人に対する概念とプロセスが開発されました。開発に関与した人は、リーダーシップの有効性に関する概念は、人生の有効性に関する原則にも当てはまると気付きます。

その概念の一つがムードエレベーターです。ムードエレベーターは職場や家庭において、多くの人に最も広く受け入れられ、保持され、活用されています。今まで、世界40カ国で約100万人がムードエレベーターに触れてきました。彼らは、企業、病院、学校、大学、さまざまな政府機関など、ありとあらゆる種類の組織に所属し、セン・ディレイニー社が生み出してきた成果の一端を担っています。

「組織の士気とパフォーマンスを高め、成功につながる企業文化を構築するよう、経営者を鼓舞することにより、世界にポジティブな影響を与えること」。これが今日のセン・ディレイニー社の理念になります。

本書の目的はセン・ディレイニー社の概念に触れてきた全ての人々を一層サポートすること、そしてセン・ディレイニー社のクライアント以外にも、世界中にいる人々にムードエレベーターを届けることです。

センン博士はカリフォルニア州サンセットビーチにおいて、妻バーナデットとティーンエージャーの息子ローガンと共に暮らしています。また娘ケンドラと3人の息子ケビン、ダリン、ジェイソンのほか、5人の孫もいます。

セン博士とバーナデットは身体の健康と満足できる生活に深く傾倒しています。バーナデットは負けず嫌いなランナーであり、セン博士は長距離走、自転車ロードレース、水泳を行い、年6回のトライアスロンに出場しています。

著者略歴

ラリー・セン　Larry Senn

セン・ディレイニー社会長兼ハイドリック＆ストラグルズ社パートナー。企業文化に関する調査を世界で初めて実施し、世界初の企業文化構築支援企業であるセン・ディレイニー社を設立。「企業文化の父」と呼ばれている。「フォーチュン500」に選出された企業のCEO約100人や州知事、2人の元米政府閣僚、有名大学の学長に対し、企業文化構築を指導。著書はベストセラーとなった『Winning Teams, Winning Cultures』『The Mood Elevator』他6冊。セン・ディレイニー社を設立する前は小売業を営んでいて、南カリフォルニア大学（USC）とカリフォルニア大学ロサンゼルス校（UCLA）の教員でもあった。USCで組織行動学の博士号、UCLAで工学の学士号およびMBA（経営学修士）を取得。また体操選手として全国チャンピオンとなり、体操チームのコーチも務めていた。2019年には米国の「信頼できるソートリーダー」に任命される。またサウス・バイ・サウスウエストに文化に関する講演者として招待される。人生における二大テーマは家族とフィットネス。5人の子どもと6人の孫がおり、そのうち2人はプロのアスリートとして活動している。70歳のときにトライアスロンを始めて以降、60回のスプリント・トライアスロンに出場。今では同世代グループで全国トップとなり無敗。

ムードエレベーター
感情コントロールの新常識

2020年4月25日　初版第1刷発行

著者　ラリー・セン
翻訳　杉谷俊伍

発行者　相澤正夫
発行所　芸術新聞社
〒101-0052
東京都千代田区神田小川町2-3-12 神田小川町ビル
TEL 03-5280-9081（販売課）
FAX 03-5280-9088
URL http://www.gei-shin.co.jp
印刷・製本　中央精版印刷
編集協力　根本武
デザイン　原田光丞

ISBN 978-4-87586-583-4　C0011